近代日本の地下水脈 I

哲学なき軍事国家の悲劇

保阪正康

文春新書

1440

はじめに　失敗の本質は「軍事主導」にあった

なぜ日本は太平洋戦争を始め、敗戦に至ったのか。なぜ「玉砕」「特攻」といった無謀な作戦で多くの人命を失ってしまったのか？——

私が昭和史の研究に携わるようになったのは、こうした謎を解明したいとの強い動機からであった。

そして、実際に敗戦に至る道筋を調べれば調べるほど、明治維新以降の歴史をもう一度つぶさに検証しなければならないとの思いを、私は抱くようになった。

明治以降、日本の国家体制の構築は、すべてが「軍事」に収斂するプロセスの中でおこなわれてきた。たとえば経済・産業の発展は、軍と密接に結びついた政商によって主導され、日清戦争以降は戦争そのものが国家的ビジネスとしての性質を色濃く持つようになった。戦争で得た賠償金は、さらに軍を強化するために投じられた。欧米列強に少しでも早く追いつくために、そのような道を選択せざるをえなかったという事情もある。

しかし、すべてが軍事に収斂する国家体制において、政治と軍事の関係性には矛盾が内在するようになった。欧米列強のようなシビリアン・コントロール（文民統制）の歴史がなかった日本は、軍事の下に政治が隷属するという、いびつな状況が進んだ。すると必然的に、個人の自由が制限された窮屈な、市民意識が希薄な社会となっていく。

その行きついた先は、まさに「人間性喪失」の世界そのものだった。

「人命軽視」の答えを探す旅

厚生省（現在の厚生労働省）の調べによると、太平洋戦争での戦死者は、軍人、軍属などが約二百四十万人（そのうち大正生まれが約八四％）とされている。民間人の死者数は約七十万人といわれており、合計で約三百十万人にものぼる。

しかし、これは概数にすぎない。実際には戦後の戦病死を含めて五百万人は超えるのではないかと、私は見積もっている。当時、日本の人口は約七千五百万人とされていた。つまり、総人口の一割近くが戦争に関連して命を落としていると推察できる。

軍人、軍属の戦死者については、彼らが実際の戦闘で亡くなったのか、飢えや疫病などで亡くなったのかなど、はっきりした死因がわかっていない。ただ私自身、戦地にあって指揮を執った将校や下士官、そして現実に戦った兵士たちに数多く話を聞いてきたが、栄養失調による餓死と、それに伴う体力の低下と消耗の結果、マラリアなどに感染して病死した広義の戦死が、死因の大部分を占めたことは間違いないといえる。実際に軍医たちが残した記録を読むと、「デング熱患者次第ニ増加シ、終《つい》ニ本部将校二名罹患ス」（麻生徹男『ラバウル日記』）などといった記述が容易に見つかる。

日本軍の兵士たちが、いかに悲惨な状況に置かれていたかを示す文献は、ほかにも多くある。たとえば佐世保鎮守府第六特別陸戦隊の部隊史は、栄養失調とマラリアで兵士たちが続々と倒れ行くありさまを生々しく記している。

〈（昭和）十九年の四月ごろから急に栄養失調症が増えてき、栄養失調による死者、すなわち餓死者が出始めた。マラリアにかかると四〇度の高熱が出てそれが一週間ぐらいつづく。それで体力が弱まったところへ食糧がなく、極度の栄養失調に陥って、その後は、薬も食事も、ぜんぜん受け付けない状態になって死んでゆく——それが典型的な餓死のコースだった〉（『ソロモンの陸戦隊　佐世保鎮守府第六特別陸戦隊戦記』）

この陸戦隊は、昭和十七（一九四二）年八月に編制されてソロモン諸島のブーゲンビル島の守備にあたり、十八年末からは補給が完全に途絶えていた。こんな地獄のような状況を招いたのは、当時の軍事エリートたちが兵站《へいたん》を軽視し、「補給は現地調達せよ」と、現場に責任を丸投げした結果である。彼らは兵士の命の重さを考えずに戦略・戦術を組み立てていった。これが、先の戦争で起きていた「人間性喪失」の実態なのである。

私は長年、なぜ当時の軍首脳がこれほど兵士の命を軽視できたのかが疑問であった。餓死や疫病死だけではない。「特攻」や「玉砕」といった無謀な戦術、さらには昭和十六年に東條英機陸軍大臣が全陸軍軍人に布達した『戦陣訓』では、「生きて虜囚の辱《はずかしめ》を受けず」と、捕虜になるぐらいなら自決せよと命令している。こうした軍の方針からは、まったくといっていいほど「国民の命」を重んずるという発想が感じられない。それはいったいなぜなのか？——

私は今まで五千人近くの昭和史関係者にインタビューを重ねてきたが、その作業は、この根源的な問いに対する答えを探す旅でもあった。

戦争が「ビジネス」であった戦前の日本

　そして、私はひとつの結論にたどり着いた。結局のところ、軍事指導者にとって戦争とは「賠償金を得るための経済活動」にすぎず、一種のビジネスであったということである。つまり、兵士の命はカネを稼ぐために戦場で使い捨てにされたのである。

　近代日本は、明治二十七（一八九四）年に始まった日清戦争以降、ほぼ十年ごとに戦争を繰り返してきた。日清戦争では、日本は清国から当時の国家予算の四倍にもあたる莫大な賠償金を獲得した。その賠償金を元手に、明治三十年代から富国強兵政策を進めた。さらに日露戦争（明治三十七～三十八年）では、満鉄の利権をはじめロシアがもっていた権益を確保し、樺太の南半分も日本の領土にした。そして大正三（一九一四）年に始まった第一次世界大戦では、日英同盟を口実に参戦し、ドイツが中国や南洋諸島に有していた権益をどさくさ紛れに手に入れた。

　日本は戦争に勝つことによって列強の仲間入りを果たし、その賠償金によって富国強兵を実現してきた。戦争は〝国家的利益〟を上げる最大の事業だったのである。

　軍人の仕事は「戦争に勝って、賠償金を得ること」につきる。彼らの根本的な発想は、以下のように整理できる。

〈われわれ軍人は、戦《いくさ》に勝つことによって、天皇陛下、そしてお国に奉公する存在である。

多くの賠償金や権益を確保できれば、国が富む。その獲得した富でさらに軍備を充実させることができる。だから、絶対に戦争に負けるわけにはいかない。戦争に勝って利益をあげるためであれば、戦場の兵士の人命など惜しくはない〉

こうした「ビジネス」としての戦争という側面については、戦場で散った兵士の苦衷を十分に理解したうえで、さらに具体的に検証していかなければならない。

日本が模索した「五つの国家像」

日本の近代はすべてが「軍事」に収斂していく過程だった。それは、欧米列強型の帝国主義国家を目指し、それに少しでも早く追いつくために、やむをえない選択だったとも考えられる。

しかし、本当に日本には欧米型の帝国主義を目指す道しか存在していなかったのか？

私は、そうではない別の道があったと考えている。よりかみ砕いて言えば、明治維新後の日本は、欧米型の帝国主義国家以外の国家体制を作り上げる可能性があったということである。

近代日本の始まりである明治の初期に遡ろう。

徳川幕府が倒れて明治新政府が誕生したものの、新政府内の指導者には、日本が進むべき「国家ビジョン」が明確にあったわけではない。明治二十二（一八八九）年に大日本帝国憲法ができるまでのほぼ二十年間は、「日本という国をこれからどのように作り変えていくか？」をめぐって、さまざまな勢力の〝主導権争い〟がおこなわれた時期だった。

私はこの間に、次の五つの国家像が模索されたと考えている。

①欧米列強にならう帝国主義国家
②欧米とは異なる道義的帝国主義国家
③自由民権を軸にした民権国家
④アメリカにならう連邦制国家
⑤攘夷を貫く小日本国家

詳しくは第1章で説明するが、概略を記しておこう。

①は軍事主導の国家体制を固め、周辺諸国を圧倒して権益を奪い取って繁栄を目指す国家像である。

②は帝国主義という形態ではあるが、軍部が主導するのではなく、市民社会の道義をその軸にすえた国家像である。

③は明治十年代、板垣退助らが取り組んだ自由民権運動の延長線上にある、国民主権の国家像である。

④は南北戦争後に連邦制国家に移行しつつあったアメリカにならい、地方分権を主軸とする国家像である。

⑤は鎖国下の江戸時代に培われた日本独自の価値観を生かし、海外進出の野望を封印して「小国家」として生きてゆくという国家像である。

現実には、明治新政府は①の道を進み、欧米列強に伍するためにすべてを軍事に収斂させていった。そしてその結末として、第二次大戦の悲惨な敗北を迎えたのである。

「地下水脈化」した国家像

では、残る②～⑤の国家像は、そのまま消えてしまったのか？

私は、そうは考えていない。四つのそれぞれの思想やビジョンは、いったん日本社会の地下に潜りながら、いまも脈々と流れ続けている。そして近代日本が歴史の重要なターニングポイントを迎えるたびに、地下水脈が噴出してくるのである。

歴史とは、いつの時代も単線的に動いている訳ではない。そこには必ず人間の対立、論争、生き方の違いが存在する。近代日本について言うならば、それは表を流れる①の国家像に対する②～⑤の地下水脈の思想のぶつかり合いが絶えず起きていたと表現することができる。そして、地下水脈のぶつかり合いは、軍部が全面的支配を狙う昭和初期のころにも確かに続いていたのだ。

西南戦争と民権運動

こうした地下水脈のぶつかり合いの例として、明治十（一八七七）年に勃発した西南戦争を見てみよう。

西南戦争は、不平士族が中心になって維新の立役者の西郷隆盛を担いだ武力反乱で、近代日本最後の内乱であった。政府軍には明治六年の「徴兵令」によって集められた平民出身の兵士が多かった。彼らの登場によって、戦を生業とする士族の時代は完全に終わりを告げ、日本は欧米列強の軍事制度に範をとり、近代的な軍隊を整備していくことになった。

それと同時に、西南戦争には別の側面もあった。

たとえば「日本赤十字社」は西南戦争が生んだ組織である。西南戦争の際、佐野常民、大給《おぎゅう》恒《ゆずる》両元老院議官らが傷病者救護活動等のため設立した博愛社が前身である。

西南戦争では、官軍と薩摩軍の間での激しい戦闘により多数の死傷者を出した。この悲惨な状況を知った佐野と大給が、救護団体による戦争時の傷病者救護の必要性を痛感し、欧州でおこなわれている赤十字と同様の救護団体を作ろうとした。賊軍の手当てなどしなくていいと反対した政府軍の指導者もいたが、彼らは反対勢力を説得してゆく。そうして政府によって活動が許可されたのが博愛社である。同社は西南戦争全体で千四百二十九人の患者を敵味方の区別なく収容したという。

また、西南戦争下において、「日本初の民権政治」が営まれた点も無視することはできない。これには熊本県北部の山鹿《やまが》の戦線に参加した「熊本協同隊」が関与している。同隊には、孫文の辛亥革命を支援したことで知られる宮崎滔天《とうてん》の長兄、宮崎八郎が中心人物として参戦していた。山鹿を一時占拠した協同隊は、この地を円滑に統治するために、人民の代表を選挙で選んだ。滔天は「熊本協同隊」という文章にこう書き記している。

〈彼等は同時に一大紀念を此地に残せり。民政を敷きたる事是なり。乃《すなわ》ち野《の》満《みつ》長太郎を民政官に任じその年来の主張たる自由民権の旨趣に基き、人民を集めて自治政の要旨を説明し、普通選挙法を以て人民総代なるものを選ばしむ。選に当るもの大森総作以下数人、乃ち野満長太郎之を監督して自治の政を行ふ。蓋《けだ》し我国未曾有の事たるなり〉

滔天自身が自由民権主義者で、兄も参加していた隊のこともあり、やや誇張した可能性も否めない。しかし、普通選挙を実施したことは間違いない。政府による初の選挙がおこなわれるのは明治二十三年であり、それより十三年早いことになる。

この運動の中心人物となった宮崎八郎は熊本で育ち、明治三年に上京し、中江兆民の薫陶を受けて、民権運動に目覚めた。明治八年に熊本に戻り、学校を設立。この学校で学んだ者たちが中心になって結成されたのが熊本協同隊である。

このように西南戦争の周辺を検証していくと、そこには先の分類でいう③、つまり自由民権を軸とした国家思想の流れが見られる。一方で、決起前の西郷が薩摩でおこなっていた私学校支配は地方分権のさきがけとも言え、④の国家像の流れに通じている。もっとも、西郷自身はもともと欧米列強とは一線を画した東洋的な「道徳」を軸とした国家を目指しており、これは上記の②の流れに通じる。

地下水脈化したのは、五つの国家像だけではない。戦争を一種の「営利事業」とみなし、現場の兵士たちの人命を軽視してきた軍事エリートの発想や、「いかに国を守るか？」という軍事哲学を持たないまま富国強兵を進めた国家指導者らのあり方も、地下水脈化している。戦後、その水脈は伏流水となって表面上は見えなくなったが、令和のこの時代も脈々と流れ続けているのである。

このシリーズでは、さまざまな歴史の場面で顔を出す「地下水脈」をあらためて見つめることで、日本の近現代が歩んだ百五十年を再検証する歴史観を考えていきたい。

目次

第1章　日本にありえた「五つの国家像」

「歴史の地下水脈」とはなにか？

明治維新から太平洋戦争に至るまでの日本は、政治、経済だけではなく、教育や社会倫理、日常生活の規範まで、すべてが「軍事」に収斂するプロセスをたどった。その延長線上に、太平洋戦争における悲惨な敗戦が位置づけられる。

そのように考えると、太平洋戦争の失敗の本質は、明治初期の国家草創期にすでに胚胎していたと考えられる。日本がいかにして帝国主義国家を作り上げたのかを検証すべき理由はそこにある。

それと同時に、歴史の可視化された部分だけでなく、不可視の領域にも踏み込んで検証することが大切であると、私は考えてきた。

アカデミズムの研究者は通常、「史料によって歴史を語らせる」という手法をとることが多い。可視化された事象に、文献などで裏付けを与えていくという手法である。

だが、私はジャーナリスティックな観点から、日常生活者としての立ち位置で歴史的事実をとらえることも大切だと考えている。史料にほとんど記載されていない歴史的事実、時代の中のさりげない流行、人々の記憶から忘れ去られたかのように見える事象が、のちの世に復活し、歴史の大きなうねりを生じさせることがある。

　これを私は「歴史の地下水脈」と、個人的に呼びならわしてきた。

司馬遼太郎が指摘した「攘夷の地下水脈」

　このように考えるのは私だけではない。たとえば司馬遼太郎は生前、「結局、日本は攘夷の思想を未分化、未消化のまま残してきた。日本社会の地下三尺には、攘夷の思想が眠っている」と私に語ったことがある。

　幕末に尊王攘夷の嵐が吹き荒れたが、明治維新が落ち着いた後、日本人は攘夷の思想を捨てたかのように見える。しかし、じつは攘夷の思想は伏流水のように日本社会の地下に脈々と流れてきた。そして太平洋戦争中、地下水脈化していた攘夷の思想が排外主義というかたちで噴出した――あらましそんな指摘である。

　この「地下水脈」という観点から日本の近現代史を見直すと、新たな地平が見えてくる。

　欧米列強の圧力で開国した日本は、明治維新によって幕藩体制を終結させた。以降、明治政府は富国強兵政策を進め、日清戦争や日露戦争に勝利し、国際社会で欧米列強に比肩する存在となった。

こうした歴史上の出来事を年表的に振り返ると、私たちの国は、帝国主義国家への道を整然と一直線に進んでいったかのように見える。だが、実際はそうではない。徳川幕府による鎖国体制が二百年あまり続いた後、欧米から新しい文化や思想が入ってきた。そこから維新が始まるまでの間に、さまざまな思想をもつ志士たちが登場した。

維新後に権力中枢に居座った薩摩藩や長州藩の人物たちには、「日本をこのような国家にしよう」という確固たる国家ビジョンがあったわけではない。この時代、いくつかの有力な国家ビジョンが存在し、せめぎ合っていたとみることができる。つまり、日本が選択しえた国家像は複数あり、日本がまったく別の国家のかたちを取りえた可能性もあったのである。

そのせめぎあいは、明治二十二（一八八九）年に大日本帝国憲法が制定されて国家のかたちがほぼ定まる頃まで続いた。

五つの国家像

では明治初期に、どのような国家像が日本に存在したのだろうか。本書の冒頭でも言及したが、私が考える「あり得た国家像」とは、次の五つである。

①欧米列強にならう帝国主義国家
②欧米とは異なる道義的帝国主義国家
③自由民権を軸にした民権国家
④アメリカにならう連邦制国家
⑤攘夷を貫く小日本国家

それぞれの特徴を、より詳しく見ていこう。

①は現実の歴史で日本がたどった道で、欧米列強が歩んだ十八〜十九世紀の帝国主義を追いかける国家像である。具体的には「富国強兵」を目指し、他国への経済的、軍事的侵略をおこない、政治体制としては、憲法上、国体の下に政体があった。天皇制の下に政治が存在したのである。それは軍事主導体制であり、政治、経済、教育、文化の全てが軍事に収斂してゆく体制であった。

②は、①とは違ったかたちの帝国主義の可能性を追求する国家像だ。植民地における殖産や興業をおこなうものの、欧米列強による抑圧から解放するという理念や、植民地の文

化や伝統を否定せずアジア的な共生を目指すという思想が根底にある。欧米型帝国主義のマイナス面を、日本ならではの価値観で超克する方法ともいえる。この国家像の水脈は、のちに「アジア主義」というかたちで一部の国家主義者に流れ込むが、次第にもとの理念からは変容してゆく。

③は明治十年代に燎原《りょうげん》の火のように広がった自由民権運動を軸とする国家像である。板垣退助や後藤象二郎らは、大久保利通を中心とした政府は専制政治であると批判し、速やかに国会を開き国民を政治に参加させるべきだと主張した。キリスト教的な価値観をもつ思想家や、国家主義に対峙した人々も、この水脈の流れを汲んでいる。

④は連邦制国家に移行しつつあった南北戦争後のアメリカにならう国家像だが、じつは江戸時代の幕藩体制の延長上にある体制ともいえる。幕府が大政奉還した後、権力は明治政府に移ったように見えたが、実際は旧幕藩体制の勢力は全国に網の目のように広がっていた。これをもとに高度な地方自治・分権が展開されれば、日本がアメリカ型の連邦制国家となる可能性もありえた。この水脈は「地方分権」というかたちで、戦後の日本政治にも受け継がれることになる。

⑤は「攘夷」としてはいるが、江戸時代の「鎖国」をそのまま続けるという意味ではな

い。また、尊王攘夷運動のように外国勢力を徹底的に排撃するイメージに限定したものでもない。もうすこし広義に攘夷を捉え、外国とは適切な範囲内で交流を維持するが、領土の拡大や覇権主義を目指さないという国家像である。

現実に日本がたどったのは、周知のように①の国家像である。②から⑤は、ある時点までは実現する可能性もあったが、現実の政治体制にはならなかった。

しかし、これらの国家像が消滅し、その後の日本に影響を与えなかったのかといえば、そうではない。これらの国家像は思想的な地下水脈となって明治以降も日本社会の中に脈々と生き続け、大正、昭和、そして現代にもつながっていると私は考える。

暴力によって成立した体制は暴力でしか守れない

それぞれの地下水脈に入る前に、まずは日本で①の帝国主義がどのように成立したのかを振り返っておきたい。

憲法が制定された明治二十二（一八八九）年に日本の国家としてのかたちが定まったわけだが、それまでの約二十年の期間は、基本的には暴力革命の時代であった。さまざまな思想的背景をもつ志士たちによる熾烈な主導権争いがおこなわれた。諸外国の革命と違うとはいえ、戊辰戦争（明治元年〜二年）、江藤新平らによる佐賀の乱（明治七年）、そして西郷隆盛が起こした西南戦争（明治十年）などでは、多くの血が流された。

　暴力によって成立した体制は、暴力によってしか守ることができない。それは明治維新も同じである。新政府はおのずと軍事先行でこの国のシステムを作っていくことになる。明治四年の廃藩置県で藩兵は廃止された。これによって軍隊の統括権を兵部省に集中させたが、藩に仕えていた武士たちは職を失ってしまう。そうした不平士族の反乱に備えるためには、軍隊を持たなければならない。明治六年には初の徴兵令が公布され、身分に関係のない国民皆兵の制度が作られる。大村益次郎がまず立案し、大村が暗殺された後は山縣有朋によって進められた。

　政治、社会構造だけではない。倫理や道徳に至るまで、すべてが軍事に隷属するかたちで整備されていった。明治十五年には「軍人勅諭」が作られ、天皇の軍隊という性格が強調される。そして、国民に向けて軍主導の教育が徹底的におこなわれた。

　このような流れをみると、先に紹介した①〜⑤の「あり得た国家像」は日本に確かに存在したが、当時の国家指導者らはそれらをじっくり比較検討したうえで①を選んだわけではないことがわかる。暴力革命によって勝ち得た体制を守るために、なし崩し的に軍事優先体制が進み、その結果として①の国家像になったといえる。あたかも軍が親のような形で政治が誕生したわけであり、それが日本の帝国主義の特徴ともなったのである。

山縣有朋の「主権線」と「利益線」

やがて暴力革命期の場当たり的な国家運営が落ち着くと、欧米列強にならう帝国主義政策が国家の中枢に位置づけられるようになる。その節目となったのが、明治二十三（一八九〇）年、山縣有朋首相の第一回帝国議会の施政方針演説である。

「（前略）国家独立自営の道に二途あり、第一に主権線を守護すること、第二には利益線を保護することである、其の主権線とは国の疆域《きょういき》を謂《い》ひ、利益線とは其の主権線の安危に、密着の関係ある区域を申したのである、凡《およそ》国として主権線、及利益線を保たぬ国は御座りませぬ、方今列国の間に介立して一国の独立を維持するには、独主権線を守禦《しゅぎょ》するのみにては、決して十分とは申されませぬ、必ず亦利益線を保護致さなくてはな

「利益線」を主張した山縣有朋

らぬことゝ存じます、今果して吾々が申す所の主権線のみに止らずして、其の利益線を保つて一国の独立の完全をなさんとするには、固《もと》より一朝一夕の話のみで之をなし得べきことで御座りませぬ、必ずや寸を積み尺を累《かさね》て、漸次《ぜんじ》に国力を養ひ其の成蹟を観ることを力《つと》めなければならぬことと存じます、即予算に掲げたるやうに、巨大の金額を割いて、陸海軍の経費に充《あ》つるも、亦此の趣意に外ならぬことと存じます（以下略）」

この演説に繰り返し登場する「主権線」「利益線」という言葉に注目したい。

主権線とは、国境線のことだ。これは今日でも変わらない。

一方、利益線とは何か？　図をご覧いただきたい。主権線の外側をぐるりと取り囲むように設定された利益線について、山縣は「其の主權線の安危に、密着の關係ある區域」としている。国家が独立を保つためには主権線を守る必要があるが、その主権線を守るためには利益線を確保しなければならない、という主張だ。つまり、国益を守る安全保障に必要なバッファーゾーン（緩衝地帯）として、利益線を引いたのだ。

利益線の内側に、朝鮮半島が含まれていることに注目したい。日本政府はすでにこの時点で、朝鮮半島への進出を考えていることがわかる。

ではなぜ朝鮮半島を利益線の内側に含めたのか？　これについては第3章（119ペー

主権線と利益線

ジ以降）で詳しく説明するが、ここではまず山縣が示した「利益線」という考え方が帝国主義の国づくりの基本となったことをおさえておきたい。

戦争を「ビジネス」にした日本軍エリート

日本における資本主義の発展も、軍が主導するかたちで進んだ。軍を強化するためには、艦艇や武器などの生産システムを完備しなければならない。そのため、軍需産業が経済の中心に位置づけられた。また、軍と結びついた資本には、国有財産の払い下げが破格の安値でおこなわれた。

さらに言えば、日清戦争以降、日本は「戦争に勝って相手から賠償金を得る」ことが目的化してゆく。企業が資本を活用してビジネスで利益を上げるように、日本という国家は国民の生命と財産を戦争に投じることによって、利益を上げることを企図してきたのである。実際、当時の日本がほぼ十年おきに戦争をしていることも、戦争が営利事業であったことを示唆している。

より分かりやすい例がある。昭和二十年八月十日と十四日、ポツダム宣言を受諾するかどうかを検討する御前会議が開かれた。この時、梅津美治《よしじ》郎《ろう》参謀総長が気にしていたのは、国民の安全や国体護持のことではなかった。梅津は東郷茂徳外相に対して、しきりに「このポツダム宣言の条項では、日本は賠償金をどれほど取られることになるのか？」という趣旨の質問を発していたのである。

私はその記録を読んだとき、日本軍は賠償金を獲得する「ビジネス」として戦争をおこなっていたのであり、軍とは〝会社〟であったのだ、ということに思い至った。そう考えると、なぜ軍部のエリートたちがあの戦争で無謀な戦いを繰り広げたのかも想像がつく。負けたら巨額の賠償金を取られ、それは軍部のエリートたちにとって〝失点〟となるからである。だからこそ、保身を考える戦時指導者は「勝つまで戦争を続ける」といった不合理な発想に陥り、前線の兵士たちの命をあたかも消耗品のように扱うほど感覚が麻痺していったのだ。

日本は帝国主義の「実験国家」

一方で、日本の帝国主義化は、きわめて実験的な要素を含んでいたという面もある。

ひとくちに「帝国主義」といっても、欧米の帝国主義には長い歴史がある。十五～十七世紀の大航海時代から始まり、産業革命を経るなかで、およそ三百年かけて成立した。

その間、帝国主義は時代のなかで変容してきた。不変であった部分もあれば、変化した部分もあった。不変なのは、自国の利益のために他民族を抑圧したり富を収奪するという、基本的な路線である。一方、変化したのは、帝国主義下で成熟した市民社会である。富が蓄積されて市民社会が熟成すると、単純な収奪や抑圧の図式から一歩進んで、宗主国の文化を植民地に浸透させたり教育制度を整備するなど、よりスマートな植民地経営へと変貌してゆく。外交政策も、より巧妙なものへと変わっていった。

それに比べて日本はどうか。十九世紀半ばに帝国主義に接し、その時点での帝国主義を吸収していったが、もとより日本に帝国主義の歴史はなく、欧米のものまねに過ぎない。欧米の帝国主義がどのような試行錯誤をへて成立したのかを吟味せず、江戸時代の封建主義体制の上に、ただ帝国主義のシステムだけを移植したのだ。つまり、日本は壮大な実験国家となったともいえる。逆に言えば、木に竹を接《つ》ぐようにして帝国主義を目指したところに、日本の近代化の失敗の原因があるのではないかとも考えられる。

人身売買有罪と「芸娼妓解放令」

では①以外の国家像は、どのようなものだったのか。概略をみてみよう。

②の道義的な帝国主義については、たとえば明治五（一八七二）年に起きたある事件に、私は実現の可能性を感じる。

六月一日、ペルー船籍の帆船マリア・ルス号が嵐で損傷し、横浜港に入港した。その船からひとりの清国人の苦力《クーリー》が海に逃れ、近くに停泊していたイギリス軍艦に救助された。その証言からマリア・ルス号には二百人以上の清国人苦力が奴隷として押し込まれていることが分かった。

日本政府は裁判を開くこととし、現在の外務大臣にあたる外務卿・副島種臣は神奈川県権令（現在の知事）の大江卓に審理を命じた。船長と清国人苦力への尋問の結果、大江は船長を虐待の罪で有罪とした。

ペルー側は納得しなかった。翌明治六年、日本に損害賠償を要求した。両国はロシアで公開討論をおこなった。日本の代表は榎本武揚であった。結局、ロシア皇帝アレクサンドル二世の裁決に任され、「日本に賠償責任はない」と決まった。イギリスの後押しもあった。またアレクサンドル二世は農奴制廃止をおこなっていた。人身売買を否定する国際的世論に支えられた結果でもある。

ところが討論の過程で、「日本国内にも奴隷、人身売買があるではないか」という指摘がペルー側からなされた。遊郭、遊女のことである。これは日本政府にとっては非常に痛いところを突かれたかたちになった。

そこで大江は遊女の実態を調べ、政府に遊女の解放の建言をした。政府としては、幕末に結んだ欧米との不平等条約を解消するためにも、日本が文明国であることを示したかった。大江の提言は受け入れられ、明治五年に「芸娼妓解放令」が出されることになる。

この時、日本政府が世界に向けて「われわれはいかなる形の奴隷制度も認めない」と宣言していたら、日本は道義的な帝国主義国家への第一歩を踏み出せたかもしれない。

「道義」を掲げ中国で戦った日本人

もう一つ、興味深い事例がある。中国の革命家・孫文が主導した辛亥革命に、多数の日本人が協力していたことだ。著名な人物としては、宮崎滔天、山田良政、弟の山田純三郎、玄洋社の頭山満などがいる。

孫文は清朝帝政を打倒するためなら「百回でも二百回でも革命をやって、最後に一回成功すればいい」との発想の持ち主だった。そして十一回目となる革命が、明治四十四（一九一一）年、ようやく成功した。当然、失敗の過程では多数の同志が死んだが、五百人もの日本人が死んだという記録がある。しかし、名前が残っていない。彼らはなぜ、生命を賭してまで他国の革命に参加したのか。

　山田良政は津軽藩士の子として生まれ、青森師範学校を退学後、同郷の先輩だった反骨の新聞記者、陸羯南《くがかつなん》を頼って上京した。水産伝習所（後の東京海洋大学）を卒業して上海に渡り、日清戦争では陸軍の情報将校として従軍した。のちに来日した孫文の思想に共鳴し、明治三十三年、孫文が仕掛けた恵州蜂起に参加した。

　山田はこのとき、清朝政府に捕らえられ、厳しい尋問を受けた。中国語が堪能だったが、日本人と見破られ、「日本人であると認めれば釈放する」と言われた。日本人を処刑したら国際問題になる、と清朝政府側は恐れていたからだ。ところが山田は命乞いをすることもなく、「私は中国人だ。お前らを倒すのが目的だ」と言い続け、結局、処刑されてしまった。

　山田たちを動かしたのは、中国の庶民が置かれている悲惨な状況をどうにかしたいという、道義にもとづく情熱であった。

不平士族と民権運動

道義を根底にした怒りが別のかたちで発露したものが、③の自由民権思想である。新政府では、薩摩や長州など一部の藩閥出身者が実権を握り、専横がまかり通っていた。一部の権力者は腐敗した生活を送っていた。そうした現状への憤りと、より多くの国民の声を政治に反映させなければならないという考えが、自由民権運動の勃興につながってゆく。

征韓論の敗北後、西郷とともに参議を辞し下野した板垣退助と後藤象二郎、江藤新平らは明治七（一八七四）年、愛国公党を結成し、民撰議院（国会）を開くことを主張する。板垣は故郷の土佐に帰って立志社を結成、自由民権運動を進める。西南戦争の結果、武力による政府打倒の道が閉ざされる中、言論による政府批判が高まった。明治十三年には国会開設を求める国会期成同盟が結成され、九万人近い署名を集めた。

政府内部では伊藤博文と大隈重信、井上馨が立憲政治を目指す点で一致していた。ところが、伊藤たちが準備に時間をかけて漸進的に国会を開くことを考えていたのに対し、大隈は翌明治十四年三月、年内の憲法制定と翌年の総選挙、二年後には国会を開設する急進的な内容の意見書を明治天皇に上奏した。イギリス式の政党政治、議院内閣制を想定していたのである。

大隈と伊藤ら他の参議との亀裂は深まった。伊藤は岩倉具視らと協力し、君主の強大な権限を認めて議院内閣制はとらないプロイセンにならった憲法を作る方針を示し、結局こちらが政府の基本方針となる。そうした中、薩摩出身の黒田清隆が同じく薩摩出身の政商・五代友厚に対して、官営事業を常識外れの低額で払い下げようとした「開拓使官有物払い下げ事件」が明らかになり、民権派による藩閥政府への批判が高まっていた。大隈もこの払い下げには反対であった。

すると伊藤らは、大隈が払い下げ問題のリークや政府批判の煽動に関与しているとの疑いを強め、ひそかに大隈追放を画策する。政府内に大隈排除の根回しがおこなわれ、民権派との連携を疑われた大隈は、下野せざるをえなくなった。この「明治十四年の政変」によって、大隈らの構想は頓挫した。しかし大隈を党首とした立憲改進党や板垣が率いる自由党など、政党が次々作られていく。

さらに民間でも、さまざまな憲法案が作られた。いわゆる「私擬憲法」である。現在、明治十二〜十五年の三年間で約五十もの私擬憲法が作られていたことが確認されている。立憲君主制を基礎に、君主が行政を政府に委ね、政府は議会の支持により政治を運営する内容が主流だ。一方、土佐の民権活動家、植木枝盛《えもり》による「東洋大日本国国憲按」のように、国民が立法権を持ち、国民の自由と権利を大幅に認めるものもあった。

自由民権運動が高揚した背景には、維新の結果、多くの武士が失業し、困窮したことがある。さらには農村共同体も開国などの影響での混乱、困窮があり、暴動が相次いだ。これに対して、政府は新聞紙条例や集会条例の改正などによって制圧しようとした。結果的に民権派の国家構想は①に飲み込まれていく。しかし③の国家像にも実現の可能性があったことは確かである。自由民権運動は地下水脈となり、キリスト教的価値観をもつ思想家や、軍部の独裁に抗った人々にも共有され、その後の歴史のさまざまな局面で顔をのぞかせることになる。

藩をもとにしたアメリカ型の連邦制国家

④の連邦制国家は、幕藩体制の枠組みを継承した国家体制だ。江戸時代は約二百六十の藩があったが、藩ごとに法や貨幣が定められ、いわゆる地方分権が認められていた。これを三十程度の大藩に集約し、各藩に自治の権限を与えて連邦制国家を作る選択肢である。
維新後、榎本武揚ら旧幕臣たちは北海道・箱館に渡り、蝦夷共和国の実現を目指した。

薩摩では藩主・島津家が元藩士の大久保利通らが作った新政府の在り方に強く反対してい

た。薩摩にはその後、征韓論で下野した西郷隆盛が戻り、私学校が設立され、中央政府と異なる独自の権力体制を作っていた。佐賀には同じく征韓論で参議を辞した江藤新平の勢力があった。土佐にも反政府勢力、後の自由民権運動につながる動きがあった。加賀藩も、幕末維新の時は薩長などとまるで違う動きをして、存在感があった。幕藩体制は広く残っていたのである。

明治四（一八七一）年から六年まで「岩倉使節団」が欧米に派遣され、政府首脳だった大久保利通や木戸孝允らが参加した。どんな国づくりをするのか、その判断材料を得るための外国視察であった。

日本の為政者たちは当初、アメリカ型の国家体制にも惹かれていた。当時のアメリカは南北戦争で北軍が勝ち、奴隷制度が廃止されて、国家として統一されたばかりだった。明治初期の教科書にはワシントンやリンカーンなども登場し、アメリカの国づくりの模様が詳しく紹介されている。維新後の日本の政治指導者たちの目に、新しい国家であるアメリカが「国家像の手本」として映っていたことが窺える。加えて、藩を統合して州に置き換えれば、比較的容易に地方分権型の国家ができるというメリットもあった。

ところが実際にアメリカに渡った大久保たちは愕然とする。アメリカは日本と比較して国土が広すぎる上に、多くの民族と多様な文化が混在していた。そんな現実を目の当たりにして、アメリカ型の地方分権国家は日本のモデルにはならないと思い至ったのである。結局、彼らが選んだのはプロイセン式の中央集権的な国家体制であった。

ここで注目したいのは、大久保利通の存在だ。

大久保は明治政府を牽引したリーダーであり、西南戦争が勃発する明治十年までの間に自分のプログラムはほぼうまくいった、と考えていた。西郷や不平士族の反乱も制し、新政府の権力基盤を守ることができた。だが、西南戦争が終結した翌年、不平士族に暗殺されてしまう。

大久保は暗殺される直前、「これからの十年は内治主義で進む」と述べている。この「内治」がどのようなものだったか、具体的には分からない。ただ、大久保の構想のなかには連邦制国家もあったのではないか、と私は考える。

攘夷と「小日本主義」

さて⑤の「攘夷」を貫く国家像であるが、これは単純に江戸時代の鎖国を続けるということではない。幕末の志士たちが掲げた「尊皇攘夷」の流れを汲みつつ、西欧化とは一定の距離を置きながら近代化してゆく国家像であると考えてみたい。

日本はもともと軍事に対しては非常に禁欲的な国家だった。江戸時代、列強がアジアやアフリカを侵略する中、日本は二百六十年以上も軍事膨張主義をとらず、他国と戦争しなかった。武士は武術を修練し、戦の仕方を学ぶ。しかし、実際に戦争はしない。本来は人を殺すための武術を「武道」とし、人格を高める手段に昇華していく。これほど戦争に禁欲的な国民は、世界でも極めて珍しい。これはわれわれ日本人の財産でもある。

江戸時代は外国と積極的な交流はしなかったものの、長崎での通商を通じて中国とオランダの文化が、対馬からは朝鮮の文化が入ってきていた。長崎には中国語の通詞《つうじ》（通訳）は約七千人、オランダ語の通詞も約七百人いたという。鎖国を標榜しながら、実際には外国と相当な交流があったのである。

「攘夷」は、その延長上にある。つまり、外国からは侵略されず、みずからも侵略しないが、外国との交流を全面的に拒否するわけではない。

そのように考えると、攘夷の地下水脈は、必ずしも排外主義だけと結びつくわけではない。たとえば昭和の政治家・石橋湛山が掲げた「小日本主義」も、その亜流とみることが可能になる。

戦前、経済誌「東洋経済新報」で筆を振るった湛山は、軍国化し植民地拡大に走る「大日本主義」に対し、植民地の放棄と軍備の縮小を提唱した。山縣有朋が示した「利益線」のようなものは設定せず、日本人が生きる地域はあくまで現状の日本の領土内のみとし、各国との通商によって国の繁栄を目指す考え方である。戦後日本の保守政権が目指した「軽武装、経済重視」というあり方にも通じる考え方である。

　日本は①の道を進んだ結果、政治から庶民の文化に至るまで、すべてが軍事に収斂していった。やがて軍部が国を全面的に支配するようになり、結局、第二次世界大戦の敗北に至った。

　しかし実現しなかった②～⑤の国家像と、それを考え、実現のために行動した先達たちの思想的遺産は、消滅したわけではない。それらの国家像は地下水脈となって歴史を流れ続けてきた。時に噴出し、ぶつかり合い、われわれの心理や行動に影響を与えてきたのである。

無自覚的帝国主義からの出発

　維新直後の日本にはこれら五つの国家像があったものの、結果として欧米型帝国主義への道を歩み始めた。

　しかし、そこに至るまでのプロセスは、欧米と日本とではかなり異なる。欧米列強は、強大な軍事力をもってアジアやアフリカ諸国を制圧し、植民地とした。資源を収奪し、植民地の人々の権利や文化を宗主国に隷属させた。その際、列強は海外進出当初から、他国を植民地化する意思を主体的に持ち、そのための戦略も備えていた。

　一方、日本では、列強のような長期間をかけて成熟した帝国主義が生まれたわけではなかった。明治新政府は、開国後に直面した混乱の中、さまざまな選択を場当たり的に絞り込んでいるうちに、無自覚的に帝国主義への道を歩み始めたのである。そして、維新から二十年経った頃から、列強と同じような帝国主義国家としての主体的意思を持ち始めるようになったと考えられる。

　では、日本はどのような過程を経て帝国主義国家としての主体的意思を備えるようになったのか、そのプロセスを考えてみたい。

日本が植民地化を免れた要因

　まずは素朴な視点から出発する。なぜ、日本は植民地にならなかったのか？

十九世紀半ば、欧米列強が植民地を求めてアジアに進出してきたとき、当然のことながら日本も植民地となる可能性はあった。

欧米列強がアジアやアフリカ各地を植民地化するとき、第一歩は軍事的な制圧から始まる。そして現地住民を統治するシステムを構築し、組織的に収奪を開始する。

日本でも、その第一歩に近い出来事はあった。たとえば文久三（一八六三）年、長州藩と列強との間で「下関戦争」が勃発した。当時、尊王攘夷派の急先鋒であった長州藩は、馬関海峡（関門海峡）を通過する外国船を砲撃。なかでもフランス船キャンシャン号とオランダ船メデューサ号には死者を出す大損害を与えた。その報復として、アメリカ、フランス、イギリス、オランダの四国連合艦隊は長州海軍の軍艦を砲撃したのだ。結果、長州は大敗し、下関の砲台を占領された。

さらに同年には薩英戦争も勃発した。その前年、横浜にほど近い生麦村で、薩摩藩主・島津忠義の父、久光の行列の中を騎馬の英国人が横切ったことをきっかけに、薩摩藩士が英国人三人を殺傷した。いわゆる生麦事件である。この事件の犯人引き渡しや賠償金を求めて、英国は艦隊を鹿児島に派遣。薩摩藩と交戦し、双方に大きな犠牲があった。

薩長両藩はこれらの戦争で欧米列強の軍事力を見せつけられ、攘夷が不可能なことを思い知らされた。幕府も戦況を冷静に把握し、欧米列強には軍事力では到底かなわないとみていた。

それにもかかわらず、なぜ日本は他のアジア諸国とは異なる形で欧米列強に抵抗し得たのか。なぜ、主権国家として自立し続けられたのか。

そこには三つの要因がある。

一つ目は、武家による支配が機能していたことがある。江戸時代末期は幕府の影響力がかなり低下していたにせよ、それでも日本全国の支配・統一に揺るぎはなかった。また、諸藩内においても、統治機能は衰えていなかった。たとえば薩英戦争では、薩摩藩は最終的に敗れたにせよ、統率の取れた砲撃で善戦した。イギリス側も「日本は統治の行き届いた国であり侮れない」との認識を持つに至り、講和交渉を通じて薩摩とイギリスは急速に接近する。

二つ目は、国際情勢に通じた優秀な人材が、幕府や各藩に多数いたことである。江戸時代の日本は鎖国政策をとってはいたが、実際はオランダや清などを通じて国際情勢に関する情報が入っていた。たとえばアメリカのペリー艦隊が嘉永六（一八五三）年、浦賀に来航しフィルモア大統領の国書を提出して日本に開国を求めた際、幕府は事前に長崎のオランダ商館長からその情報を正確につかんでいた。優秀な人材がそうした国際情報に基づいて情勢を分析し、日本が列強相手にどう振る舞うべきかの戦略を立てることが可能だったのである。

三つ目は長期間の内乱を起こさなかったことだ。日本以外の国や地域においては、西欧列強は内乱に乗じて介入し、傀儡政権を設立して植民地化を進めるというのが常套手段であった。日本でも、それに似た動きがあった。たとえばフランスの駐日公使レオン・ロッシュは幕府最後の将軍である徳川慶喜に肩入れし、王政復古の後でも「朝廷と戦うためならわれわれはいくらでも武器を出す。だから、幕府は徹底的に戦え」などと吹き込んでいた。幕臣で勘定奉行や外国奉行などを歴任した小栗忠順《ただまさ》は、ロッシュらフランス政府関係者を後ろ盾として、徹底抗戦を主張していた。

だが慶喜は、その種の誘いには一切乗らなかった。「仮に朝廷を倒して権力を握ったとしても、朝敵という汚名は後世にずっと残る」というのがその理由である。

列強の戦略は、日本を内乱状態に陥れて、自国の意向を代弁する傀儡政権を擁立する、というものだった。しかし幕府も朝廷もその戦略には乗らず、日本の利益と歴史を重んじることで一貫していた。

その後、旧幕軍とそれを支援する奥羽越列藩同盟などは王政復古によって朝廷を戴く明治新政府軍と戦い、戊辰戦争は一年半続いた。だが、江戸城が無血開城されるなどした結果、国土を灰燼に帰するような戦争にはならなかった。旧幕臣で蝦夷共和国を目指した榎本武揚らも箱館で降伏。明治新政府の地位はひとまず安定した。

これら三つの要因によって、「日本を武力だけで植民地化することは不可能である」という認識を列強に抱かせることができたのである。

不平等条約という重荷

もっとも、日本は植民地化こそされなかったものの、開国後、欧米列強の求めに応じて締結した不平等条約に長らく苦しめられることになった。

まずは安政元（一八五四）年、日米和親条約が結ばれた。十二条からなるこの条約は、

◆アメリカ船が必要とする燃料や食料、水などを日本が提供する。
◆遭難船や船員を日本が救助する。
◆下田と箱館の二港を開き、下田にアメリカ領事の駐在を認める。
◆アメリカに片務的最恵国待遇を与える。

……といった内容である。

このうち片務的最恵国待遇とは、日本がアメリカ以外の国と結んだ条約のなかに、アメリカに与えた条件よりも有利な条件が含まれていた場合は、自動的にその条件をアメリカにも付与する、というものである。一方、同条約ではアメリカは日本に対する最恵国待遇を認めていない。日本にとっては不平等そのものであった。

同条約に基づいて、安政三年、アメリカの初代駐日総領事のタウンゼント・ハリスが下田に駐在した。ハリスは日本側に貿易を実現する通商条約の締結を強く求めた。欧米列強と戦争となるのを防ぐために、条約を結ばざるを得ない、というのが幕府の考えであった。ところが諸藩の間では反対論も強かった。そこで幕府は勅許（天皇の許可）を得ることで、諸藩の不満を収めようとした。しかし朝廷内では孝明天皇らが鎖国を維持し条約締結には反対するという強硬な見解を持っており、幕府は勅許を得ることができなかった。

ハリスは幕府への圧力を強めた。安政五年、第二次アヘン戦争で清国がイギリス・フランスに敗北したことが伝わった。ハリスは幕府に英仏の脅威を強調し、早期の条約締結を迫ったのである。結局、幕府は勅許を得られぬまま、日米修好通商条約の締結に応じた。

この条約も、著しく日本側に不利な条約であった。たとえば、以下のような内容が含まれていた。

◆日本に滞在する外国人の刑事裁判は、外国人の本国の法に基づき本国の領事がおこなう領事裁判権を認める。

◆日本側には関税自主権がない。日本の関税は、アメリカと協議のうえ決める協定関税制とする。

さらに日米和親条約で定められたアメリカとの片務的最恵国待遇は修好通商条約でも継続され、幕府はイギリス、フランス、ロシア、オランダとも同様の条約を結ぶことを余儀なくされた（安政の五カ国条約）。日本はこれらの不平等条約によって欧米と貿易を開始することになり、不利なかたちで世界市場に組み込まれた。

その結果、国内の物価は上昇し、庶民や武士の生活は困窮した。開国と貿易の開始に対する不満が鬱積するとともに、外国人を討つべしとの思想＝攘夷の気運が高まった。先に述べたように、薩摩や長州藩士が外国人を襲う事件が相次いだ。さらに孝明天皇を頂点とする朝廷の怒りを招き、尊王思想の高まりとともに反幕運動も広がっていった。

日本人乗客だけが全員死亡

幕末の段階ではやむを得なかったとしても、明治維新後の新政府にとって、これらの不平等条約は屈辱そのものだった。それを象徴する二つの例を見よう。

まず明治十二（一八七九）年夏に起きた「ヘスペリア号事件」がある。開国後、日本には海外から伝染病がもたらされ、猛威を振るった。同年夏にはコレラが清国から九州に上陸し、感染が広がった。外国人からの感染を重く見た日本政府は検疫を実施すべく、各国公使に検疫開始を打診した。だがドイツ、イギリス、フランスは「日本側の検疫規則に従う必要はない」として同意しなかった。

七月、ドイツ船ヘスペリア号がコレラ流行地である清国から日本に来航したため、政府は同船を神戸港外に停泊させた。その後、同船は東京湾方面に向かったため、政府は神奈川県の長浦港（現・横須賀市）の検疫場に回航させた。だが駐日ドイツ公使は軍医を検疫のため船上に派遣して独自の検査をおこなった結果、「コレラ患者はいない」として、ヘスペリア号の即時解放を強硬に主張した。結局、日本側の検疫要請を無視して、同船は横浜入港を強行したのである。日本側の行政権を無視した行為であった。

さらに明治十九年の「ノルマントン号事件」も、不平等条約による悪影響の象徴といえる。同年十月二十四日夜、暴風雨の中で横浜から神戸に向かっていたイギリスの汽船ノルマントン号が紀伊半島沖合で座礁し沈没した。イギリス人船長ら欧州人二十六人は救命ボートで脱出し助かったが、日本人の乗客二十五人は避難できずに船中に取り残され、全員溺死した。

日本国内では激しい非難が起きた。適切な避難誘導をしなかった船長は罪に問われてしかるべきだったが、不平等条約で規定された領事裁判権のため、日本側が船長を裁くことはできなかった。神戸のイギリス領事による海事審判がおこなわれたが、船長らが「人命救助に努力したが、日本人乗客は言葉が分からずボートに乗り移ろうとしなかった」などと陳述したために「過失責任なし」と認定され、無罪判決が下った。

この判決で、日本国内に大きな怒りが広がった。抗議集会が各地で開かれ、新聞各紙も抗議の論陣を張った。日本政府はこれを座視するわけにはいかず、同船が神戸港から出港する直前、兵庫県知事に命じて船長らを横浜のイギリス領事裁判所に告訴させた。その結果、船長には禁錮三カ月の判決が下された。

「国権を回復するためには、不平等条約を何としても改正しなければならない」――この事件によって、日本の指導者層はそう痛感させられたのである。

プロイセンに理想の国家像を見る

この時期、日本の外交はほとんど不平等条約との戦いに費やされた。

明治四（一八七一）年十一月に日本を出発して欧米を歴訪した「岩倉使節団」の主な目的も、不平等条約改正のための予備交渉をすることだった。条約改正の交渉開始が可能となるのが翌明治五年からと定められていたためである。特命全権大使を岩倉具視、副使を大久保利通、木戸孝允、伊藤博文、山口尚芳、さらに随行員や留学生らを含めて百人以上の大使節団が欧米へ向けて横浜を出航した。彼らは一年十カ月にわたってアメリカ、フランス、イギリス、ドイツやベルギーなど十二カ国を歴訪した。

ところが、最初に訪問したアメリカでは、不平等条約改正のための予備交渉の申し出を一蹴されてしまう。そもそも使節団は国家同士の交渉をする上で必要な全権委任状を持っていなかったからだ。そこで大久保と伊藤が大急ぎで一時帰国し、天皇から全権委任状を受け取ってアメリカに持参したものの、アメリカ側は交渉に応じなかった。アメリカ側の主張は、「片務的最恵国待遇の規定により、日本が条約を結んだ五カ国すべてが了解しなければ改定はできない」というもので、イギリスもそれを支持した。明治新政府の首脳は、不平等条約を一回結んでしまったら改正するのがどれほど大変なことなのかを痛いほど実感させられた。

岩倉使節団の目的は、不平等条約改正だけではなかった。欧米各国の状況を視察し、新たな日本の統治システムを構築するうえでモデルになる国家像を探すという「学びの旅」でもあった。先に述べたように、当初はアメリカの連邦制をモデルとする考えもあった。だが、日本とは桁違いに国土が広大で多民族国家であるアメリカは、日本のお手本にはそぐわないことが判明する。

そして欧州に渡った使節団は、ドイツの宰相、オットー・フォン・ビスマルクとの出会いで開眼する。ビスマルクが使節団に伝えたのは、以下のようなメッセージだった。

「現在、世界各国は親睦礼儀をもって交流しているが、それは表面上のことである。実際は弱肉強食が横行している。私が幼い頃、プロイセンがいかに貧弱だったかは日本でも知られているだろう。当時味わった小国の悲哀と怒りを忘れることができない。われわれは数十年かけてようやく列強と対等外交ができる地位を得た。日本は万国公法を気にするより、富国強兵を行い、独立を全うすることを考えるべきだ。大国は不利になれば公法に代わって武力を行使するからだ」

プロイセンはかつてナポレオン軍に敗れて領土と人口の多くを失い、フランスの属国のような扱いをされていた時期もあった。だがその後、農業国だったプロイセンは大胆な工業化を進め、力を蓄えていく。そして一八七〇年の普仏戦争などを経て、国家として自立していった。そうした様子を見て、日本が模倣すべき国家像はプロイセン（ドイツ帝国）にあると、大久保や伊藤らは理解したのである。

征韓論の台頭

使節団は、議会や工場、大学、銀行など、欧米諸国の先進的な施設や制度を目の当たりにした。たとえばイギリスでは産業革命後の発展ぶりを見て、使節団は驚いた。工場がいたるところにあり、盛んに煙を出している。都市においては大衆消費文化が根づいている。そうした産業発展と富国の現実を見て、これが国家としての理想型であると考えた。彼らが吸収したことは、その後の日本の近代化に貢献した。

だが、彼らの留守中に、日本国内では思いもよらぬ事態が進行していた。岩倉使節団は国を出るにあたり、留守を預かる西郷隆盛や板垣退助、後藤象二郎、江藤新平といった首脳らと、留守中に大規模な改革に着手しないよう約束させる約定書を交わしていた。ところが西郷らは約定書に反し、徴兵令や学制の発布など、重要な政策を次々とおこなっていたのである。

大久保らと西郷らの対立が頂点に達したのが「征韓論」である。当時の李氏朝鮮は鎖国政策をとっていた。明治新政府は、朝鮮に対して新政府の発足を通告するとともに、開国を迫った。ところが、清国を宗主国とする朝鮮は、日本側の国書の受け取りを断固として拒絶した。さらに、日本人と交流をもった朝鮮人を取り締まる布告も出された。これに憤慨した西郷や板垣らは、武力を使ってでも朝鮮を開国させるべしとの主張に傾いたのである。列強、とりわけロシアが朝鮮半島進出に動いていたことも、明治新政府を刺激した。

そうした中、欧米の視察から帰った大久保ら使節団参加者は、征韓論に強く反対した。彼らは列強と日本の国力差を具体的に見てきた。現在の日本に、他国への干渉をするほどの力はない。まずは国内統治を盤石にし、産業を興して国力を蓄えるのが先決だと主張した。その後、征韓論論争は権力を二分し、参議の半数をはじめ軍人、官僚の多数が辞職する「明治六年政変」につながる。その結果、西郷らが敗れ、下野することになった。

征韓論は「帝国主義」の萌芽か

ここにおいて注目すべきは、征韓論が日本的帝国主義の初期段階であったと言えるのかどうか、という点である。歴史学の研究においては、征韓論を日本における最初の軍国主義・帝国主義の萌芽だと位置づけるものもある。

しかし私は、征韓論を帝国主義の萌芽とみなすのは、やや無理があると考える。先にも述べたように、列強には帝国主義国家としての主体的意思が存在した。海外に進出して植民地化を進める際には、前もって軍事力を充実させ、外交と支配の戦略も綿密に立てていた。ところが、当時の日本政府には、国家としての主体的意思が恐ろしいほど欠落しており、すべてが場当たり的な対応に終始している。そのため、新政府発足の国書の受け取りを朝鮮に拒否されて、「バカにするのか。ふざけるな」と激昂する程度の、幼稚な外交感覚しかなかったのである。

西郷らが征韓論に傾いた背景に、膨大な不平士族の不満があり、それを逸らすためだった、という説が有力だ。ただ、朝鮮半島に出兵したとしても、西郷たちはその後どうするのかを詳細に計画していた形跡がない。征韓論は場当たり的な怒りの発露でしかなく、この段階では日本が帝国主義としての主体的意思を持っていたとは、とうてい考えられない。

一方、維新前後の日本には、東アジアの日本・朝鮮・清の三国で合従連衡して欧州列強に対抗すべしとの論もあった。たとえば勝海舟はこんな提言をしている。

「文久の初、攘夷の論甚だ盛にして、摂海守備の説、亦囂々《ごうごう》たり。予建議して曰く、宜しく其規模を大にし、海軍を拡張し、営所を兵庫・対馬に設け、其一を朝鮮に置き、終に支那に及ぼし、三国合従連衡して西洋諸国に抗すべしと」（『氷川清話』）

この建言により、三国合従連衡のために神戸海軍操練所が発足したと勝は述べている。しかし、このような外交絵図を実現させるほどの国際感覚は、まだ成熟していなかったのである。

天皇に武力を与える

29ページで触れたように、日本の帝国主義国家としての主体的意思がはっきりとあらわれたのは明治二十三（一八九〇）年の第一回帝国議会における山縣有朋首相の「主権線・利益線演説」である。

ただ、その前に地ならしともいえる出来事が複数あった。たとえば、議会政治の軽視である。イギリス型議会政治の早期開設を訴えた大隈重信を政府から追放した（明治十四年の政変）。そして、イギリス型議院内閣制の要素を取り込みつつも、イギリスとは異なる議院内閣制をとらない立憲君主制、つまりプロイセンと同じ立憲君主制を選んだのだ。

　さらに重要なのは、「天皇の武装化」が進められたことだ。薩長を中心とした武力によって成立した維新は、一種の軍事革命だったと言える。軍事革命の宿命は、軍事で成立した権力は軍事によって守らなければならない、ということだ。薩長はそのままでは単なる烏合の暴力集団になってしまう。だが、薩長の上に朝廷が乗れば、政権は権威をもち、正当性が担保される。つまり、軍事革命で権力を握った薩長の上に天皇を乗せることによって、明治政府は成立したのである。

　鎌倉幕府以来六百年以上、武家が権力を掌握し、天皇はその権力構造の中で権威として存在していた。それが明治維新によって、実体的な権力を持つ存在として現れたのである。その天皇に軍事の大権を与えるかたちで、天皇の武装が実現した。この武装天皇制こそが近代日本の特徴であり、昭和二十年八月の敗戦まで続いたのである。

第2章　武装する天皇制

天皇の武装化はなぜ必要だったのか?

江戸時代の約二百七十年間、日本は対外侵略戦争をしなかった。天皇は権威を保ってはいたが、権力は握っておらず、したがって武力も持っていなかった。幕末に欧米列強の砲艦外交で開国を迫られた際も、武力には訴えなかった。

だが、明治維新によって、その様相は一変する。

明治維新は、薩摩、長州を中心とした勢力が武力によって権力を奪取したものであり、一種の暴力革命といえる。ただ、軍事革命集団は武力をもって権力を得ただけであり、そこには正統性はない。そこで薩長は、天皇を戴くことによって権威的裏づけを得ようとしたのである。

軍事革命によって得た権力は、軍事によってしか守れないのが宿命である。そのため、天皇に軍事の大権を付与するというかたちで天皇の武装化が急速に進められた。これが近代日本における帝国主義の特徴である。そして、この構造は昭和二十(一九四五)年八月の敗戦まで続いたといえる。

では、どのようにして天皇の武装化は進められたのか。また、明治新政府が帝国主義への道をひた走り、日清・日露戦争へと突き進む中、天皇自身は内心では軍事の大権をもつことをどのように受け止めていたのだろうか。

武士と農民の不満

まずは天皇の武装化のプロセスを振り返ってみたい。

明治四（一八七一）年、明治政府は薩摩・長州・土佐藩の兵士およそ一万人を集め、「御親兵」を創設した。さらに明治六年に徴兵令を制定。全国の六管区に鎮台が置かれ、兵士が常駐することとなった。鎮台はのちに相次ぐ士族反乱を鎮圧する役目を果たす。

明治新政府が軍事の強化に力を入れた背景には、旧幕府勢力を中心として新政府への反感が強かったことがある。廃藩置県では旧幕藩体制を解体し、秩禄処分では大量の武士を事実上失業させた。特権を奪われた士族の不満は鬱積した。征韓論で西郷隆盛らと共に敗れ下野した江藤新平は明治七年、郷里で「征韓党」の首領となって決起した（佐賀の乱）。明治九年には熊本にあって復古的な攘夷論を掲げる「敬神党」（神風連）の乱が起きた。福岡県では秋月《あきづき》の乱、維新の土台でもある長州でも元参議、前原一誠らによる萩の乱が起き、明治十年にはついに西郷隆盛が決起して西南戦争が勃発した。

これらの内乱はすべて鎮圧されたが、武士以外の国民の間にも政府への反発は強まった。たとえば明治六年の地租改正に対する反発は、大規模な一揆に発展した。当時の日本の主要産業は農業で、西欧を模範とする近代化政策を急激に進める財源は農村自体に求められた。江戸時代は地域ごとに税率が違い、またコメで納めるのが原則だったため、米価の変動で収入は不安定だった。そこで明治新政府は、課税の対象を収穫高ではなく地価に変更した。さらに税率を地価の三%とし、凶作でも豊作でも原則的に同じとした。また納税はコメによる現物納ではなく金銭へと変えた。

地租改正は政府の財政基盤を安定化させるためには効果的であった。しかし農民の側から見れば、豊作の時ならばともかく、凶作の場合の負担は当然ながら大きくなる。また多くの農家はもともと現金収入に乏しく、金銭での納税は大きな負担となった。これに徴兵制度による兵役の義務が加わった。小学校を設置し初等教育の整備を図ったが、これも子どもが重要な労働力だった農家にあっては痛手となった。

不満による農民一揆が、全国各地で起こった。ことに大きかったのは明治九年、三重と岐阜、愛知などにまたがる「東海大一揆」だ。これを受けて翌明治十年、大久保利通の主導により地租は二・五%に引き下げられた。一揆がきっかけになったことから「竹やりで、ドンと突き出す二分五厘」とうたわれた。これらの反政府運動は、新政府を震撼させることになる。

「軍人勅諭」で神話を国家原理に

こうした騒乱の中で、新政府は反政府勢力を抑え込むシステムの整備を急いだ。西南戦争の翌明治十一年には参謀本部が設立されている。そして、天皇の武装化が進められた。明治十五（一八八二）年には「軍人勅諭」（陸海軍軍人に賜はりたる勅諭）が下賜され、大日本帝国の軍隊は天皇の軍隊であることが明示された。軍人勅諭は長州出身の陸軍卿、山縣有朋が軍隊を天皇に直属させるために作った訓戒である。当時の戦略的啓蒙家であった西周《にしあまね》が起草し、軍人は将校から末端の二等兵まで約二千七百字の全文を丸暗記することを強制された。

明治天皇が軍人に直接語りかける形で発表されたこの勅諭は、「我国の軍隊は世々天皇の統率し給ふ所にぞある。昔神武天皇躬《み》づから大伴物部の兵どもを率ゐ（以下略）」と始まる。日本の軍隊はもともと天皇が統率してきた、との意味だ。そして、こう続く。

「中国のまつろはぬものどもを討ち平げ給ひ、高御座に即かせられて、天下しろしめし給ひしより二千五百有余年を経ぬ。此間、世の様の移り換るに随ひて、兵制の沿革も亦屢《しば》なりき。古は天皇躬づから軍隊を率ゐ給ふ御制にて、時ありては、皇后皇太子の代らせ給ふこともありつれど、大凡兵権を臣下に委ね給ふことはなかりき」

神武以来二千五百年以上の間、兵制はしばしば替わった。時に皇后や皇太子に任せることもあったが、軍隊の統率を臣下に任せたことはなかった、との意味である。つまり、日本の軍隊は神武天皇から「二千五百有余年」続くものであるというのである。神話の世界である『古事記』『日本書紀』の記紀史観を、歴史的事実としているのだ。武装天皇制は、神話を国家の原理に据えてしまった。これがその後の日本の歴史に大きな影を落とすことになる。

政治への関与を厳しく戒める

軍人勅諭はさらにこう続く。

「此十五年が程に、陸海軍の制をば今の様に建定めぬ。夫兵馬の大権は朕が統ぶる所なれば、其司々をこそ臣下には任すなれ、其大綱は朕親之を攬《と》り、肯《あえ》て臣下に委ぬべきものにあらず。子々孫々に至るまで篤く斯旨を伝へ、天子は文武の大権を掌握するの義を存して、再中世以降の如き失体なからんことを望むなり。朕は汝等軍人の大元帥なるぞ。されば朕は汝等を股肱と頼み、汝等は朕を頭首と仰ぎてぞ、其親は特に深かるべき。朕が国家を保護して、上天の恵に応じ、祖宗の恩に報いまゐらする事を得るも得ざるも、汝等軍人が其職を尽すと尽さざるとに由るぞかし。我国の稜威振はざることあらば、汝等能く朕と其憂を共にせよ」

以前のような、武士階級が大権を私議するかの如き失態なきように望む。軍はこの国の神兵として国を支え、天皇制の骨格となる。そして朕はお前たち軍人を統率する大元帥である、と高らかに宣言したのだ。

そして「汝等軍人に望む」訓《おしえ》として、以下の五つの徳目を示している。

一、軍人は忠節を尽くすを本分とすべし
一、軍人は礼儀を正しくすべし
一、軍人は武勇を尚《とうと》ぶべし
一、軍人は信義を重んずべし
一、軍人は質素を旨とすべし

さらに軍人勅諭は、政治と軍事の関係についても規定する。

「(軍人は)政治に拘らず只々一途に己が本分の忠節を守り義は山嶽よりも重く死は鴻毛よりも軽しと覚悟せよ。其操を破りて不覚を取り汚名を受くるなかれ」

ここにある「軍人は政治にかかわるな」という部分には、山縣有朋の意向が強く反映されている。西郷が下野した際、薩摩出身の多くの士族がそれに続き、西郷の私学校に結集した。土佐藩出身で戊辰戦争を戦った板垣退助も下野し、自由民権運動のリーダーとなり政府に対抗の姿勢を示した。

それらを目の当たりにした山縣は、「軍人は不平士族や自由民権論者の言動に惑わされてはいけない」というメッセージを軍人勅諭に込めたのだろう。

「統帥権」と「輔弼」で軍人がやりたい放題

軍人勅諭の最大のポイントは、「統帥権」の確立にあった。天皇はすべての軍隊を統帥する最高責任者である。また、軍は天皇に直属し、国民や議会のコントロールは受けないということである。この構図は明治憲法第十一条「天皇ハ陸海軍ヲ統帥ス」で完成した。

天皇は「大元帥」となったのである。第十二条では「天皇ハ陸海軍ノ編制及常備兵額ヲ定ム」、第十三条では「天皇ハ戦ヲ宣シ和ヲ講シ及諸般ノ条約ヲ締結ス」とし、天皇が絶対的な権限を持つことになった。

一方で、大日本帝国憲法は天皇を国家の最高権力者と規定しつつも、直接的に権力をふるうものではないと規定した。第五十五条は「国務各大臣ハ天皇ヲ輔弼《ほひつ》シ其ノ責ニ任ス」としている。権力の行使は天皇の名においておこなわれるが、臣下の国務大臣が輔弼（助言）するのであり、実際の責任は国務大臣が負う、ということである。

この「輔弼」という言葉は、近代天皇制の本質を理解するうえで極めて重要である。

天皇は最高権力者といえども森羅万象をすべて理解できるわけではないため、権力行使をそれぞれの臣下の者に任せるのは合理的でもある。だが別の面から見れば、臣下の者が天皇の名の下に好き放題できる仕組みとも言える。とくに軍部としては、外部からの介入を防ぎたい。そこで軍部は統帥権を盾に、そうした介入を排除しようとしたわけである。輔弼者である政治家や軍幹部らは、天皇の命という虚構をもとに自らの振るう権力を正当化し、やりたい放題できる。なおかつ責任を回避できる。

しかし、軍部の利益と国家全体の利益は常に同じではない。前者を優先すると国全体が危機に瀕することになりかねない。伊藤博文や山縣ら維新の元勲たちが健在なころは、政治と軍事の両方に睨みを利かすことができ、政治と軍事のバランス調節が可能だった。初期の段階には、政治と軍事の調整は元勲らの人間関係によっておこなわれていた。

ところが、のちに元勲が権力の表舞台から去ると、軍事が政治を支配するという構図になった。憲法制定の前に軍事がすでに組織を完備していたため、政治の制御が利かなくなったのである。その結末が、昭和の破滅的な戦争だったと言っていい。

「明治政府にとって都合のよい天皇」に仕立てる

維新前後の明治天皇が置かれた状況を振り返っておこう。

明治天皇は幕末の動乱のなかで少年時代を送り、慶応三（一八六七）年、わずか十四歳で践祚《せんそ》（即位）した。その後、大政奉還を受けて王政復古の大号令を出し、「五箇条の御誓文」を示し、以後さまざまな勅語を発してきた。明治元（一八六八）年だけで二十三もの勅語が出されている。ただ、これらは明治新政府の振り付けによってなされたものであり、天皇は臣下の者たちの求めにそのまま応じているような状況であった。

本来であれば、武装する天皇制という道を選択した以上、天皇自身の主体的意思が国家の運営において非常に重要な意味をもつ。そのため、天皇が政治を直接おこなうべきだとする天皇親政論もあらわれた。熊本藩士出身の侍講《じこう》、元田永孚《ながざね》がその代表的な人物である。

儒学者でもある元田は、他の侍補らとともに天皇の輔導を進めた。明治十一年に大久保利通が暗殺され、その後に伊藤博文が内務卿として権力基盤を継ぐと、元田は明治天皇に親政を直訴。天皇が実質的に政治の支配権を握るべきだとの主張を繰り返し、天皇親政を軸とした改革案を政府に提出した。しかし、天皇親政運動は伊藤らの強烈な反対に遭い、頓挫する。

一方では、山縣有朋らが明治天皇を長州人脈の中に抱え込み、宮中に古来より伝わる帝王学から切り離して、武士階級の倫理観を教え込もうとしていた。また、当時は開明的な思想で知られていた洋学者の加藤弘之を天皇の進講役につけるなどの試みもおこなわれた。こうした人物の進講や教育によって、「明治政府にとって都合のよい天皇」に仕立て上げていこうという意図が窺える。

結果として、政治や軍事の実務は臣下の者たちが執行し、天皇には大権を名目的に付与するかたちとなった。

「これは朕の戦争ではない」

さて、このように天皇の武装化が進められたわけだが、私はここでひとつの視点を提起したい。近代の天皇と戦争の関係を考える際、次の三つの視点を軸にすると理解しやすくなる。

①明治天皇の戦争に対する「恐怖」。

②大正天皇の教育から始まった「軍服を着た天皇」像。

③「軍服を着た天皇」の実践者としての昭和天皇。

以下、この点に注目しながら、明治、大正、昭和の三代の天皇の内面を検証してみたい。

まずは明治天皇が戦争に示した「恐怖」から見てみよう。武装化する天皇制について、明治天皇自身は、内なる葛藤を抱いていた。より嚙み砕いて言うならば、「明治天皇」という公の人格と、「睦仁」という個人の人格では、武装への受け止め方について、相当な乖離があったということである。

明治天皇の葛藤が鮮明に現れたのは、明治二十七（一八九四）年に始まった日清戦争の時である。明治天皇は開戦前、「これは朕の戦争ではない」とし、以下のように不本意の感情を露わにしている。

「其の儀に及ばず、今回の戦争は朕素より不本意なり、閣臣等戦争の已むべからざるを奏するに依り、之れを許したるのみ、之れを神宮及び先帝陵に奉告するは朕甚だ苦しむ」

（『明治天皇紀』明治二十七年八月十一日）

古代では壬申の乱（六七二年）の時のように、天皇自らが兵を率いて戦ったこともあった。しかし中世以降はそうしたことはなく、近世以降になると朝廷には戦争をする能力も意思もなかった。それが明治維新以降、いきなり軍の最高責任者に祭り上げられた。日本が外国と戦争をするのは、豊臣秀吉による朝鮮出兵（文禄・慶長の役）以来およそ三百年ぶりのことだ。しかも朝鮮出兵は武家がおこなったもので、朝廷は当事者ではない。ゆえに天皇は対外戦争に際してどのように対処すべきかの心構えも具体策も、まったく持っていなかったのだ。

清は十九世紀以降、イギリスなど列強から侵略されたが、圧倒的な広さの国土と人口を擁し、「眠れる獅子」として国際社会に認識されていた。

軍服を着た明治天皇

そんな大国の清と戦争して敗れたら、天皇制が崩壊してしまう――当時四十一歳の天皇は、そういう危機感を抱いたのである。

天皇にとって最も大事なことは、皇統の存続である。もし戦争に負ければ、天皇制が崩壊し皇統が途絶えてしまう。それでは皇祖皇統に対する申し訳が立たない――明治天皇はそれを恐れていたのである。

涙を流した明治天皇

しかし開戦後、明治天皇は積極的に戦争に関わった。この戦争で初めて設置された大本営（戦時に設置される天皇直属の最高戦争指導機関）を戦場に近づけるべく、東京から広島への移転が決まったが、明治天皇も現地に移っている。大本営の会議に頻繁に臨席し、それ以外でも戦況報告を受けた。出征する指揮官や帰還した兵士たちの慰労も行った。

日清戦争は翌明治二十八年四月、日本の圧倒的勝利に終わった。それと同時に明治天皇も東京に戻っている。

日本は多額の賠償金をせしめた。台湾を割譲させ、朝鮮半島から清の勢力を駆逐した。結果的に日清戦争での勝利によって、日本は列強の仲間入りを果たすことができたのである。

だが、明治三十七（一九〇四）年の日露戦争で、ふたたび明治天皇は葛藤に苛まれる。御前会議で開戦が決まった時の発言を『明治天皇紀』はこう伝えている。

「今回の戦は朕が志にあらず、然れども事既に茲《ここ》に至る、之れを如何ともすべからざるなり（中略）事万一蹉跌《さてつ》を生ぜば、朕何を以てか祖宗に謝し、臣民に対するを得んと、忽ち涙潸々として下る」（明治三十七年二月四日）

涙を流しながら発したというこの言葉には、日清戦争の時と同じく皇統の存続への不安が滲み出ている。「自分は皇祖皇宗になんとお詫びすればいいのか」という率直な恐怖心を吐露したわけである。続く開戦の詔勅においても、明治天皇は「今不幸にして露国と釁《きん》端《たん》を開くに至る豈朕か志ならむや」と述べ、戦争が自身の意思に反することをあらためて表明している。さらには、こんな御製を詠んでいる。

四方《よも》の海みなはらからと思ふ世に
など波風のたちさわぐらむ

これらの言葉からは、「天皇」としての統治者の役割と「睦仁」という個人の内面の葛藤が見えてくる。システムとしての「武装した天皇制」においては、政府首脳が開戦を決めたら、天皇としてはそれを是認せざるを得ない。だが天皇の一個人としての内面は、大きな不安に揺れ動いていたのである。

伊藤博文の「説得」

しかし、維新政府の指導者たちにとって、あくまで明治天皇は日本型帝国主義における君主、つまり「武装化した天皇」として振る舞ってもらわなくては困る。では、明治天皇が抱いていた戦争への恐怖感や、皇統の歴史に対する責任感に対し、誰がどのように天皇を説き伏せ、最終的に納得させたのか。この点においても、伊藤博文と山県有朋が重要な役割を担ったと考えられる。

とりわけ伊藤が果たした役割は重要である。明治天皇は当初、元田ら天皇親政論者を信任していたため、伊藤とは良い関係性ではなかった。しかし、明治天皇は次第に伊藤に信を置くようになった。のちには伊藤の奔放な女性関係をたしなめるほど親密な関係になる。日露戦争の際には、開戦決定の御前会議当日の早朝、眠れぬ明治天皇は伊藤を呼び出し、率直な意見を求めた。これに伊藤は「このままロシアの外力の侵圧を許せば、わが国の存立も、また重大なる危機に陥ります。いまや決断を下し給うべき時機なりと存じます」と述べ、最終的に明治天皇が開戦を認めるよう説得したのである。

一方で、元勲らは明治天皇の恐怖心を巧みに利用することもあった。明治四十三（一九一〇）年、天皇暗殺を企図したとして、社会主義者の幸徳秋水らが検挙された。いわゆる大逆事件である。この際、爆弾製造犯らの捜査が進行している最中は、あえて元勲らは天皇に詳細を報告しなかった。そして事件が落ち着いた後、山縣らがいきなり天皇のもとを訪れ、「じつはこんな事件があった」と、こっそり耳打ちし、反体制運動の恐怖を匂わせる。あるいは軍備拡張の重要性を暗に示唆する。公のルートを通さず、天皇に耳打ちすることで心理を揺さぶり自分の思う方向に誘導するのである。そんな山縣のやり方を見て、当時閣僚だった原敬（のちに首相）も苦言を呈していたほどである。

初代首相の伊藤博文

明治天皇は青年期までは感情を率直に表すタイプだったが、次第に寡黙になり、晩年には「沈黙」によって威厳を示していたと伝えられている。睦仁としての個人の内面を抑え、天皇としての役割に徹するために、そのような振る舞いを身に着けたのだろう。

大正天皇の文学的才能

天皇の役割と個人の内面の乖離は、大正天皇にもみられる。大正天皇にも、一等国の主権者としての天皇像と、軍事主導体制に日本の伝統を重ね合わせる天皇像が求められていた。しかし大正天皇は、軍事に関することを徹底的に嫌い、「軍服を着た天皇」としての役割に消極的であった。

明治天皇は崩御の数年前から、皇太子（後の大正天皇）を自らの上奏を受ける場に立ち会わせ、その政務の一端を見せることで帝王教育を試みた。帝王学を、直伝で身につけさせようとしたのである。しかし皇太子はこれを嫌い、事あるごとに立ち会うのを避けた。業を煮やした明治天皇は晩年、「皇太子教育を間違えた」との趣旨の言葉を側近に漏らしている。

大正天皇は鋭敏な感性の持ち主であった。明治二十九（一八九六）年ごろから和歌や漢詩の創作を始め、ことに漢詩を好み、千三百六十七首を残している。明治天皇と昭和天皇が漢詩を残していないことを考えると、大正天皇の個性は際立っている。公表されているものは約三百首だが、代表作のひとつが大正三（一九一四）年作の七言絶句「西瓜」である。

濯得清泉翠有光
剖來紅雪正吹香
甘漿滴滴如繁露
一嚼使人神骨凉

清泉に濯《あら》い得て　翠《みどり》　光有り
剖《さ》き来たれば　紅雪　正に香を吹く
甘漿滴々《かんしょうてきてき》　繁露《はんろ》の如し
一嚼《いっしゃく》　人をして神骨涼しからしむ

中国文学者の石川忠久はこの作品を「御製中、白眉の作。ごくありふれた日常の題材のスケッチながら、みずみずしい感性の輝きと、機知が光る」などと評している（『大正天皇漢詩集』大修館書店）。

御製に託した厭戦気分

大正三（一九一四）年は、欧州での紛争をきっかけに第一次世界大戦が勃発した年でもある。日本は日英同盟を口実に参戦した。主戦場は欧州で、アジアではさほど激しい戦闘があったわけではないが、極東におけるドイツの要衝を叩くことで日本は戦勝国に連なった。戦後、日本はドイツが中国や太平洋に保持していた権益を継承し、「利益線」ともいうべき勢力圏はさらに拡大した。大正七年にはロシア革命の混乱に乗じてシベリアに出兵し、干渉戦争を続けた。

そんな動きに背を向けるように、大正天皇はドイツとの戦いを題材にした「青島の兵事を聞く」や「慰問袋」なども詠んでいる。「嘉仁」としての大正天皇は、戦争に対する恐怖感を明治天皇以上に持っていたと私は推測している。

大正天皇は皇太子の頃（明治時代）、日露戦争の戦利品などを見て、こんな御製を詠んでいる。

武夫《もののふ》のいのちにかへし品なれば
うれしくもまた悲しかりけり

情感豊かで卓越した文才があった大正天皇は、短歌や漢詩というかたちで戦争への忌避感を表していたのである。

ただ、いかに文学的才能があろうとも、それは軍事指導者が要請した天皇像ではなかった。大正天皇は第一次大戦の参戦の意思決定にさえ関わっていない。時の大隈重信内閣は参戦を決断したが、大正天皇は御前会議で意見を述べることなく、対独宣戦布告が行われた。前述の、日清戦争における明治天皇の行動とは対照的である。

嘉仁という個人の文学的な感受性は、武装した天皇制における国家元首としての役割とは相容れなかった。そうした相克のせいか、大正天皇は次第に健康を害し、執務に支障をきたすようになる。漢詩も、大正六年までは確認されているが、それ以降の作品は明らかになっていない。

軍服を着た大正天皇

大正十年十一月以降、大正天皇は病気療養に入る。宮内大臣の牧野伸顕は当時の日記にこう書き記している。

「聖上陛下には唯々アーアーと切り目切り目に仰せられ御点頭《てんとう》遊ばされたり」

ただ、こうした記述が事実であったかどうかは不明である。なぜなら当時、政府首脳は大正天皇が天皇としての権威を欠くと見ており、なるべく早く皇太子（後の昭和天皇）を摂政として天皇の政務を譲るべきと考えていたためである。そのため、大正天皇の病状などが誇張されて伝えられたきらいがある。巷間有名な「遠眼鏡事件」――帝国議会で詔書を読み上げた後、紙をくるくると丸めて望遠鏡のようにして議員たちを眺め渡したというエピソードも、軍部によって意図的に流布された形跡がある。

大正天皇は、「軍服を着た天皇」という枠組みに自らをはめ込むことを嫌い、最後まで抗った。それでも、皇太子が摂政宮になるため、大正天皇の政務室から摂政の部屋に侍従が御名御璽《ぎょめいぎょじ》の印を運ぶ時に、大正天皇はそれを抱えて離さなかったと、侍従武官の日記に記されている。

そして皇太子が摂政に就任した。弱冠二十歳である。即位はその五年後になるが、実質的にはこの時から昭和天皇という立場に立っていたことになる。そんな異例の事態が、大正十五年まで続くのである。

昭和天皇の帝王学

では昭和天皇はどうだったのか。明治天皇や大正天皇のように、天皇としての役割と「裕仁」としての個人の内面には葛藤があったのだろうか。

昭和二十（一九四五）年の敗戦までの経緯をみると、昭和天皇の中では「天皇」として与えられた役割と「裕仁」としての人格はほぼ一体化している。その理由は、昭和天皇は近代の天皇の中ではただ一人、体系的な「帝王学」を学んでいたからである。

明治天皇は自分自身が「軍服を着た天皇」と「睦仁」との乖離に葛藤し、皇太子である大正天皇がさらにこの乖離に苦しむ姿を見ていた。そこで、皇孫である昭和天皇には、幼少期から「天皇のあるべき姿」を徹底的に学ばせようと考えた。学習院の院長に、信頼する陸軍大将の乃木希典を迎えたことも、その表れである。時間割には国語、算術、倫理、習字、博物が入り、四年生からは軍事学も入った。男子皇族は軍人としての教育を受け、昭和天皇も大正元（一九一二）年に十一歳で陸海軍少尉になっている。

大正三年には、東宮御所内に御学問所が置かれ、

軍服を着た昭和天皇

総裁は元帥海軍大将の東郷平八郎が務めた。昭和天皇は大正十年までの七年間、ここで帝王学を学んだ。帝王学の中でも重視された国史は東京帝国大学文科大学教授・白鳥庫吉、倫理は日本中学校校長・杉浦重剛が教授陣となった。同窓生として、華族の子弟から選ばれた五人が机を並べた。この七年余の教育により、昭和天皇は近代日本が求めている天皇像を理解したのである。それは軍事主導体制を象徴する「軍服を着た天皇」としての姿であった。

「しかし、よくやった」

それと同時に、昭和天皇には「立憲君主制の枠内にとどまる天皇」であることも求められた。ひとたび政治、軍事指導者に大権を付与した以上、彼らの決定には異を唱えない。その代わり、責任からは免れる――それが帝王学の要諦であったのだが、きわめて人為的につくられた天皇像をそのまま実践することが昭和天皇に期待されていた。

昭和天皇は、近代日本が作り出した天皇像を忠実に受け入れ、そしてその像に息吹を与えた。むろんそこに天皇個人の意思や思考が入り込む余地はない。そのような意思を持たない君主――それこそが要求された天皇像であったからだ。

こうして昭和天皇は、「裕仁としての個人」と「大元帥としての天皇」という二重性を、自身の中で一体化させたのである。

この二重性は、ときおり顔を覗かせることもあった。たとえば昭和十九年十月二十五日、特攻作戦が初めておこなわれた時のことである。特攻が成功したとの報告を受けた昭和天皇は、まず立ち上がって敬礼し、「そのようにまでせねばならなかったか」と発言した。これは臣民の犠牲を悼むため、裕仁という個人の感情を、主権者の立場から発した言葉である。

だが、続けてこう言葉を継いだ。

「しかし、よくやった」

これは大元帥として、戦場の英雄を称える言葉である。昭和天皇は自身の二重性を自覚しつつ、なおかつ個人の人格を乖離させることなく、絶妙に振る舞ったのである。

統帥権を行使できなかった昭和天皇

先に述べたように、権力の行使は天皇の名においておこなわれたが、臣下の者が輔弼するため、権力行使には天皇自身は直接関与しない仕組みになっていた。これは日本独自の立憲君主制のシステムであった。

しかし、このシステムは軍が好き勝手にできる余地が大きすぎた。

統帥権は天皇にあるとされていたが、実際の意思決定は軍幹部が行っていた。たとえば日露戦争で二〇三高地を攻略した際、約六万人の兵士を動員してその大半が死傷するという大きな犠牲が生じたが、これは明治天皇が指示したわけではない。昭和以降、軍部は「統帥権」を楯に、自分たちの決定や行動に対する議会や政府からの介入を拒否した。そして政治に介入し、国家を壟断《ろうだん》したのである。

昭和天皇は系統立った帝王学の教育を受けた近代最初の天皇であったが、帝王学の実践をいきなり求められた天皇でもあった。先にも述べたように、天皇は権威と軍事の大権を持つものの、直接に権力そのものを振るうわけではなかった。日本独自の君主制として、天皇が臣下の者に権力を付与し、臣下が権力の実質的な責任者となるシステムができあがったのである。

一方、臣下である軍事指導者たちには「この若い君主を我々が育てるのだ」という過剰な思いがあった。昭和天皇はそこに早々に直面することになる。

昭和三（一九二八）年六月四日、満州の軍閥の頭目、張作霖が爆殺された。首謀者は関東軍参謀の河本大作大佐である。時の首相は長州閥、陸軍出身の田中義一であった。田中は昭和天皇に対し、河本の犯行を認めた上で、軍法会議にかけることを約束した。ところが陸軍や閣僚から反対にあうと、関東軍の関与を否定し、単なる警備上の不備として行政処分にする旨を奏上した。

このとき昭和天皇は田中の一貫性を欠く態度を厳しく叱責した。結局、田中内閣は総辞職に追い込まれるのだが、田中は首相でありながら天皇との約束を簡単にひっくり返したのである。軍部の中堅、長老たちには「天皇を操ってやろう」という気分があり、そのあらわれと思われる。軍内部のそうした天皇観は、その後も長く続く。

昭和六（一九三一）年の満州事変では、軍部の独走がさらに露骨に現れた。関東軍高級参謀の板垣征四郎大佐と同作戦参謀の石原莞爾中佐が中心となった謀略により、中国軍と衝突が起きた。時の若槻礼次郎内閣は不拡大の方針を示したが、関東軍は無視して戦闘を続けた。

この間、朝鮮軍司令官だった林銑十郎は独断で満州に進軍し、「越境将軍」ともてはやされた。本来、天皇の信任を受けた内閣が不拡大方針を示している中での進軍は越権であり、天皇の統帥権を犯したともいえる。だが、林は罰せられるどころか後に首相を務めることになる。

関東軍はその後も制圧地域の拡大を目指し、熱河《ねっか》省への侵攻を企図した。昭和天皇はこれに懸念を示し、「統帥権最高命令によって中止させることはできないか」と奈良武次侍従武官長に相談している。

ところが奈良は返答をはぐらかしたあげく、天皇から返答を督促されると「天皇の命令によって中止させたなら、内政の混乱を招き、政変の原因になるかもしれない」との趣旨の手紙を送って、暗に天皇を脅迫しさえしているのである。

その後、いったんは作戦は中止とされたが、関東軍は戦線を拡大した。いかに軍部が統帥権を自己の都合のいいように用いていたかがわかる。

勝手に作られた「天皇のイメージ」

軍部をはじめ権力の上層部は、自分たちの権限の幅を拡大し、権力行使を容易にしようと目論んだ。そのために進められたのが、天皇を極端なまでに神格化することだった。軍内の日常の中で、ある種の暴力性を伴いながら「天皇」という言葉を巧みに利用し、下級兵士たちを洗脳し、束縛していった。

上層部は、自らの立身出世と名誉のために「天皇のために死ね」と部下に強いたが、そこで語られる天皇のイメージは実際の天皇そのものではなく、彼らが勝手に作り上げた、軍部にとって都合の良い天皇像でしかなかった。一方、「天皇は神である」との教育を受けてきた青年将校や末端の兵士たちからすれば、軍上層部は天皇の本来の意向を忠実に受け止めていないという不満があった。

その矛盾が爆発したのが「二・二六事件」である。

昭和十一（一九三六）年二月二十六日、陸軍の「皇道派」に属する青年将校らに率いられた兵士約千五百人が天皇の側近らを襲撃し殺傷した。斎藤実内大臣と高橋是清蔵相、渡辺錠太郎教育総監が殺害され、鈴木貫太郎侍従長は重傷を負った。

青年将校らは「昭和維新」を目指していた。昭和天皇の周囲にいる「君側の奸」を排除した上で、皇道派の中心人物である真崎甚三郎陸軍大将を首班とする政権の樹立を画策したのである。

ところが昭和天皇は当初から反乱を許さず、「朕が股《こ》肱《こう》の老臣を殺戮す、此の如き兇暴の将校等、其精神に於ても何の恕《じょ》すべきものありや」と述べ、徹底鎮圧を命じた。

結局、反乱は鎮圧されたが、陸軍の指導部はこれを奇貨として権力の拡充を目論み、むしろ焼け太りとなった。軍部の発言力は増し、日中戦争、太平洋戦争への道を突き進んだ。

明治天皇の周囲には歴史と向き合ってきた側近がいた。維新直後は薩摩の西郷隆盛や大久保利通、長州の木戸孝允らが国のかたち作りに従事した。その後は伊藤博文が卓越した見識で補佐役となった。

しかし昭和天皇には、こうした側近がいなかった。首相を務めた近衛文麿は対米戦争を避けようとしたが、陸軍を制御することができなかった。第二次近衛内閣で対米交渉を進めようとした際は、外相の松岡洋右がこれに反対した。近衛は形式的に総辞職して松岡を切り、昭和十六年七月十八日に成立した第三次内閣では海軍出身の豊田貞次郎を外相に据えた。だが外交を誰にやらせようと、中国からの撤兵を決意しなければアメリカとの関係改善ができないことは明らかだった。

そうした中、帝王学を受けた昭和天皇も、内心では祖父（明治天皇）と同じように、戦争への忌避感を強めていた。

昭和十六年九月六日の御前会議で、内閣の首脳と軍幹部は対米英戦の準備を進めることを確認した。この時、昭和天皇はあえて明治天皇が日露戦争の前に詠んだ御製を詠み上げた。

四方《よも》の海みなはらからと思ふ世に
　　など波風のたちさわぐらむ

皇族が首相になるのには反対

昭和天皇はなぜ開戦に反対したのか。それは、戦争が引き金となって君主制が倒れてゆく欧州の模様に危機感を抱いていたからだ。二十世紀初頭、欧州で君主制でなかったのはフランスとスイスのみであった。ところが第一次大戦などの戦乱後、君主制は次々と潰れていった。

　近衛も戦争は避けたかった。しかし軍の説得はできず内閣を投げ出し、自らの後任に陸軍大将だった東久邇宮稔彦王を推した。しかし天皇はこれを退け、内大臣の木戸幸一の推薦を受け入れて、陸軍大臣の東條英機を首相とする方針を示した。その思いが『昭和天皇独白録』に記されている。

「私は皇族が政治の責任者となる事は良くないと思つた。尤も軍が絶対的に平和保持の方針で進むと云ふなら、必ずしも拒否すべきではないと考へ木戸をして軍に相談させた処、東条の話に依れば、絶対に平和になるとは限らぬと云ふ事であつた。それで若し皇族総理の際、万一戦争が起ると皇室が開戦の責任を採《（ママ）》る事となるので良くないと思つたし又東久邇宮も之を欲して居なかつたので、陸軍の要求は之を退けて東条に組閣をさせた」

　東久邇宮が開戦時の首相となっていたら、「戦犯」として東京裁判で裁かれていただろう。天皇のこの判断は、皇統を守るという意味では奏功したと言えるかもしれない。

　待望論があった東久邇宮は日記に「東条は日米開戦論者である。このことは陛下も木戸内大臣も知っているのに、木戸がなぜ、開戦論者の東条を後継内閣の首班に推薦し、また陛下がなぜこれを御採用になったか、その理由が私にはわからない」などと記している。東條らは、九月六日の天皇による異例の発言から、天皇が開戦に消極的なことを知った。しかし東條を含む軍人、官僚はその意思を無視した。

昭和天皇の独り言

　開戦後しばらくは、日本は快進撃を続けた。当時の昭和天皇の上機嫌ぶりは、内大臣の木戸幸一が書き残している。シンガポール陥落の際は「天機殊の外麗し」かったという（『木戸幸一日記』）。さらにはインドネシアのジャワ島やビルマのラングーンを陥落させた時には「竜顔殊の外麗しくにこ〳〵と遊され『余り戦果が早く挙り過ぎるよ』との仰せ」があったという（同）。

ただ、戦果を喜んでいる点を捉えて天皇が好戦家だとみなすのは早計だろう。ひとたび戦争を始めてしまえば、皇統を守るためには絶対に負けてはならない――。その点を、昭和天皇は深く理解していたのである。

日本がアメリカと五分の戦いをしていたのは昭和十七（一九四二）年半ばまでで、連合軍が本格的な反攻を始めると敗退を続けた。昭和十九年に入ると敗色は濃厚となった。同年七月、絶対国防圏のサイパンが陥落し、それは決定的になった。米軍はサイパンを戦略爆撃機Ｂ29の基地とし、本土爆撃を執拗に行うことになる。サイパン陥落から一年で、無差別爆撃によって民間人らおよそ五十万人が命を奪われ、日本中が焦土と化した。

当時、昭和天皇の苦悩は深まっていた。侍従たちの証言によれば、政務室で独り言を漏らし、部屋の中を歩いた。ある侍従は「どうしてこんなことになったのか」「誰が信用できるのか」との独り言をつぶやいているのを目撃している。この頃の侍従長だった藤田尚《ひさ》徳《のり》の証言によれば、天皇は皇居での散歩中ジョウロで草花に水をやることがあったが、いつまでもジョウロを傾けたままのことがあったという。戦争の行方が気になり、上の空であったことが窺える。

昭和二十年三月に硫黄島が陥落し、六月に沖縄が占領された。さらに八月には広島、長崎への原爆投下があり、ソ連が日ソ中立条約を破棄して参戦してきた。すでに連合国は日本に降伏を呼びかけていた。ここで昭和天皇はポツダム宣言の受諾を決めた。いわゆる「聖断」である。

「聖断」の根底にあったのは二つの憂慮であった。一つは「このまゝでは日本民族は亡びて終ふ、私は赤子《せきし》を保護する事が出来ない」という恐れであり、もう一つは「敵が伊勢湾附近に上陸すれば、伊勢熱田両神宮は直ちに敵の制圧下に入り、神器の移動の余裕はなく、その確保の見込が立たない、これでは国体護持は難しい」ということであった（『昭和天皇独白録』）。

軍部の主張のまま本土決戦を選んでいたら、日本はドイツのように国土のすべてが連合国に分割されていた可能性が高い。軍事主導体制は皇統を維持するシステムではなく、このままでは国体自体が崩壊する可能性が高いことに、昭和天皇は気づいていたのである。

ポツダム宣言受諾を決めた理由

そもそも君主制の存続という観点からは、戦争は好ましい選択ではない。二十世紀初頭、西欧で君主制ではない国家はスイスとフランスだけだった。しかし第一次大戦後、君主制は次々と崩壊した。ロシアでは革命が起き、皇帝一家が惨殺されている。こうした事実を見れば、昭和天皇が戦争を回避したかったのも当然であったろう。

しかし、結果的に昭和天皇は開戦に同意した。それは前のめりの軍部が「ドイツがイギリスを屈服させる。するとアメリカは戦争継続意欲を失って講和になる」という甘い見通しを示すとともに、「開戦しなければ国が滅び、皇統は守れない」という、一種の脅迫的言辞を用いたためである。

結果として日本は敗北したのだが、昭和天皇はポツダム宣言を受諾する際の心境についてこう語っている。

「当時私の決心は第一に、このまゝでは日本民族は亡びて終ふ、私は赤子を保護する事が出来ない。第二に（中略）敵が伊勢湾附近に上陸すれば、伊勢熱田両神宮は直ちに敵の制圧下に入り、神器の移動の余裕はなく、その確保の見込が立たない、これでは国体護持は難しい、故にこの際、私の一身は犠牲にしても講和をせねばならぬと思つた」（『昭和天皇独白録』）

このまま戦争を続けていては皇統を守れないという危機感が、ポツダム宣言受諾の動機であったと、正直に告白している。

昭和天皇の涙の意味

さて、昭和天皇は明治天皇や大正天皇と違い、「天皇」としての役割と「裕仁」としての個人を一体化させることができていたと先に説明したが、戦後はそれが一変する。

戦後、昭和天皇はいわゆる「人間宣言」を発表したが、当初は帝王学に沿った振る舞い方をしようとしている。「天皇制下の民主主義」によって、国民との間に回路を作ろうという試みである。だが、ＧＨＱの占領を経て「戦後民主主義」が日本に定着すると、戦後民主主義が求める「象徴天皇」のイメージに自らを重ね合わせなくてはならなくなった。つまり「民主主義下の天皇」を演じなくてはならなくなったのだ。

昭和二十一（一九四六）年から約八年半かけて昭和天皇は全国四十六都道府県への巡幸をおこない、各地で国民と接した。炭鉱や工業地帯の労働者、地方の農民たちなどを訪ね、自ら言葉を発して激励した。

帝王学を受けて育った昭和天皇は、それまで「臣民」と直接会話する言葉を持たなかった。しかし戦後民主主義によって臣民が「国民」になった以上、昭和天皇の側もそれに合わせた振る舞いをせざるを得なくなった。巡幸に際し、昭和天皇は権威を感じさせないよう地味な背広姿で通すなど、国民に寄り添う努力を積み重ねる。

　また、随行する侍従らとは、会話の予習復習をすることもあった。宮内省総務局庶務課長だった筧《かけい》素彦《もとひこ》から私が直接聞いたところでは、たとえばこんな模様だったという。

　昭和天皇が「どうだ、寒くないか」と聞き、国民が「お寒うございます」と答えると、天皇は「ああ、そう」と返していた。それを見た侍従たちは「寒いだろうけど、どうかひとつ風邪などひかないように」と付け加えていただきたい、と進言していたのだという。

「天皇」と「裕仁」の乖離を埋めるためにどれほどの煩悶があったのか、想像に難くない。こうして昭和天皇はかつての時代の帝王学から一歩一歩、身を退いて行ったのである。

　昭和六十三年四月二十九日の天皇誕生日を前にしておこなわれた記者会見は、昭和天皇にとって最後の記者会見となった。その会見で昭和天皇は「何と言っても、大戦のことが一番嫌な思い出であります」と発言し、一筋の涙をこぼした。昭和天皇が最晩年に見せたこの涙は、帝王学が教える「天皇」から四十年以上かけて「裕仁」へと戻った、その最後の姿とみることができる。

昭和天皇に戦争責任はあるか？

戦後の日本人が直視してこなかったものに「天皇と戦争の関係」がある。

私は講演などで、二つの質問を受けることがよくある。一つは「天皇に戦争責任はありますか？」という質問、もう一つは「天皇は平和主義者だったのですか？　それとも好戦主義者だったのですか？」という質問だ。

これらの質問は、左翼公式史観の側からの決めつけであることに、質問者が気づいていないことが多い。「天皇は軍部の最高責任者なのだから、実際に戦争を指揮していたはずだ。だから好戦主義者だ。戦争責任を問われないのはおかしい」といったレトリックに嵌《は》まってしまっているのだ。

ここで私の立ち位置を先に簡潔に記しておくが、昭和天皇には戦争に関連するすべての責任とは言わないまでも、その一部に関して「責任はあった」と言うべきだと考えている。また、天皇は平和主義者と好戦主義者のどちらでもない、と考えている。これは昭和天皇だけでなく、明治天皇、大正天皇も含めてである。

早合点しないでほしいのは、私の考えは、「戦争責任」という曖昧な言葉をもとにした責任論ではないという点だ。「戦争についての責任」を要因に分解して検証した場合、いくつかの点で責任があったとみなすことができる——というのが私の見立てである。

また、天皇が平和主義者でも好戦主義者でもないことは、「歴代天皇が最も重視していたことは何か？」という点を検証すれば自ずと明らかになる。先に説明したが、天皇が最も重視していたのは「皇統の存続」である。戦争を継続するか止めさせるかは、皇統の存続にとってどちらが有利かという判断による結果だった。

ただ、軍部主導の富国強兵政策によって日本が近代国家となるにつれ、「軍服を着た天皇」としての役割が天皇に求められるようになった。近代の日本の失敗を読み解く上で、まさにこの点が重要になってくる。

このように見てみると、「天皇の戦争責任」という言葉は、あまり意味をなさないことがわかってくる。ただ、戦争に関する責任を「法的責任」「道義的責任」「社会的責任」などと細分化したうえで、戦争に至る局面のその時々に天皇がどの程度関与したかを分析してゆくと、その責任の一部は昭和天皇にあったと言える。この検証方法については『昭和史 七つの謎 Ｐａｒｔ２』などいくつかの著書で詳しく紹介している。

戦争責任は「言葉のアヤ」

では戦争責任という言葉について、昭和天皇自身はどう考えていたのか。

昭和五十（一九七五）年十月三十一日、昭和天皇は日本記者クラブ代表との会見で「陛下はいわゆる戦争責任について、どのようにお考えになっておられますか」との質問を受けた。その答えは次のようなものだった。

「そういう言葉のアヤについては、私はそういう文学方面はあまり研究もしていないのでよくわかりませんから、そういう問題についてはお答えが出来かねます」

この答えは評判が悪く、天皇制を批判する人々がしばしば引用してきた。

だが、これをもって昭和天皇を断罪するのは、的外れであると私は考える。昭和天皇が受けてきた帝王学と、要求されてきた二重性を考え合わせると、昭和天皇は「責任」を取るという立場にはなかったという理解ができる。また天皇は自らの意思を直接話法で国民に語る表現を持っていなかった。そのためこのような答えとならざるを得なかったのだが、国民の側はそれがわからない。ここに戦後日本の不幸があるとも言える。

昭和天皇は最晩年にも、みずからに求められた二重性に苛まれていた。晩年に侍従を務めた卜部亮吾の日記によると、昭和六十三年秋に病床にあった昭和天皇は、「摂政宮を考えているのじゃないだろうね」「（皇太子の政務代行は）今回限りだからね」などと漏らしたという。昭和天皇は、大正天皇の位を差し置いて摂政宮に就いてしまったという心のわだかまりを終生抱いていたことが窺えるのである。

平成の天皇と「民主主義」

さて、平成の天皇は自身の内面と天皇という役割について、どう捉えていたのだろうか。私は平成の天皇・皇后両陛下にお目にかかって雑談をさせていただく機会を計六回いただいた。陛下は日本の近現代史に強い興味を示されていた。とりわけ太平洋戦争に至る経緯については、ご自身で数々の文献に当たられて勉強されていることもわかり、私は驚きを禁じ得なかった。

そうした雑談の中で感じられたのは、「なぜ日本は戦争への道を歩んでしまったのか。戦争は決して起こしてはならない」という陛下の強い思いである。また、「自分の代には戦争がなかった」ことを非常に喜んでおられることも、ひしひしと伝わってきた。

陛下との会話で私が最も驚いたことのひとつに、「日本にはどうして民主主義が根付かなかったのでしょうね」という言葉があった。短い言葉ではあるが、ここには日本の近現代史に内在する問題と、陛下ご自身の長年の思いが凝縮されていると私は考えている。

明治維新以降、天皇制は絶対のものとされ、民主主義の導入を目指す動きはことごとく弾圧されてきた。だが、陛下は、皇太子時代から東宮職参与の小泉信三らの教えをはじめとして、ご自身の目で戦後民主主義の発展を見ながら成長された。元学友らの証言の中には、高校時代に「再軍備には絶対に反対である」「あくまでも新憲法を順守する」といった考えを述べられたと伝えるものも多い。

また、「父（昭和天皇）の歩んだ戦争への道に疑問を覚え、悩んだこともある」と述べられたのを伺ったという学友の証言もある。昭和二十年代は学習院にも赤化した教授や学生が多くおり、皇太子が心無い言葉を浴びせられることも少なくなかったという。

そうした環境の中で、父・昭和天皇はなぜ戦争を避けられなかったのか、自分が皇位を継承した時、このような事態にどう対応すべきかを、陛下は常に自問自答してこられたと思われる。その意味においては、平成の天皇陛下は「天皇」としての役割と「明仁」個人の内面を、民主主義の下において一体化されたのである。

平成三十（二〇一八）年十二月二十日、天皇としての最後の誕生日会見で、陛下はこう発言された。

「先の大戦で多くの人命が失われ、また、我が国の戦後の平和と繁栄が、このような多くの犠牲と国民のたゆみない努力によって築かれたものであることを忘れず、戦後生まれの人々にもこのことを正しく伝えていくことが大切であると思ってきました。平成が戦争のない時代として終わろうとしていることに、心から安堵しています」

天皇として憲法上の役割を演じ、そこに個人の思いも載せて、戦争のない平成という時代を作り上げたことへの喜びの言葉である。だが、見方を変えれば、これは昭和天皇を含む近代の皇宗に対する、陛下からの「御報告」とも捉えられる。

令和の時代、私たちは新しい戦争の可能性に直面している。現代の戦争は、戦場ではなく日常の中でおこなわれる認知戦などが主流である。そうした中で、日本人は平成の戦争なき時代の遺産をいかに生かしていけるのか——。安全保障をめぐる論議が喧《かまびす》しいが、立ち止まって考えてみたいものである。

第3章　「軍事哲学」なき軍の暴走

軍事哲学とはなにか？

ロシアのウクライナ侵略により、国際情勢は混迷を極めている。

当初はロシアの軍事的制圧が予想された。しかしＮＡＴＯ諸国や他の中立国からの支援を受けたウクライナの抵抗は激しく、世界各国が経済制裁で足並みを揃えたことで、ロシアの攻撃は思うようには進んでいない。さらにロシア軍による民間人への無差別攻撃や大量殺害が明るみに出るにつれ、国際世論は反ロシアに傾き、国際社会から孤立してしまった。今後、ロシア軍が戦闘で〝勝利〟したとしても、ウラジーミル・プーチン大統領は政治的には敗北を喫するだろう。

なぜロシアは無謀な戦争を始めてしまったのか。さまざまな報道を総合すると、プーチン大統領が限られた側近たちから上がってくる都合のいい情報をもとに情勢を判断していた可能性が浮かび上がってくる。

偏った情報をもとに始めた戦争が国を亡ぼすことを、私たちは体験的に知っている。第二次世界大戦時、日本の軍事指導者たちは恣意的な情報分析を積み重ねて戦争に突き進んだ。しかも、「どの時点で戦争をやめるのか」という見通しさえ持たなかった。その結果、日本は三百万人以上の犠牲者を出してしまったのである。

私はこの無残な敗北の背景に、当時の日本には真っ当な「軍事学」がなかったことがあると考えている。

世界のどの国も、その国固有の軍事学がある。それは、戦場における作戦や武器の運用のテクニックなど、いわゆる「戦術」のことではない。「どのようにして国を守るのか」「戦争が避けられない事態となった場合、どう対処するのか」という、リアリズムに基づいた根本的な国策のバックボーンとなる、国防の大方針である。あるいは、「軍事哲学」と言うほうがわかりやすいかもしれない。その哲学は、その国の歴史、地政学的条件、隣国との関係、国民性、経済的余力といったものを踏まえた上で組み立てられる。

たとえば海に囲まれたイギリスは海軍を充実させ、海洋国家として覇権を握った。また、世界各地に植民地を持ったため、国際情報の分析・収集に長けた情報機関を持つに至った。ロシアは広大な平原を縦横無尽に駆け巡る騎馬隊が伝統的に強かった。近代以降は戦車など陸戦部隊の強さに定評がある。また、「厳しい冬」を利用して戦う方法は、ナポレオン遠征を退けた際だけでなく、現在のウクライナ戦争にもみられる。永世中立国のスイスは、永世中立という強靭な国家理念を貫くため、徴兵制度を今も続けている。四方を強国に囲まれているため、陸軍の練度の高さには定評がある。こうした国々は、それぞれ与えられた地政学的条件や国家の理念をもとに、独自の軍事哲学をもっているといえる。

一方、近代の日本の歩みをつぶさに検証していくと、日本には独自の軍事哲学と呼べるものがなかったのではないかと考えざるを得ない。

そして今もなお、日本は軍事哲学なき状態が続いているのではないか。

ではなぜ近代の日本には軍事哲学が育たなかったのか？——この章ではそのことを考えてみたい。

「海主陸従」の逆転

明治六（一八七三）年に徴兵令が敷かれた後、明治新政府はまず天皇を守るための近衛師団作りに着手した。長州、薩摩の下級武士を揃え、軍隊の編制について試行錯誤を行ううちに、新政府は「海主陸従」、すなわち海軍の整備が優先で陸軍はその次という大方針を選択するに至った。日本は四方を海に囲まれた海洋国家であるが、海軍の近代化が列強に比べて著しく遅れていた。また陸軍については、明治新政府には海外に兵を送る発想がなかったため、あくまでも敵が上陸してきた場合の迎撃が主な任務と想定されていた。当時は薩摩出身者が海軍の要職を占め、長州出身者は陸軍を押さえていた。

ところが、ほどなくして海主陸従の構図は逆転する。明治七年の台湾出兵や明治十年の西南戦争などを経て、地上戦の重要性が増し、陸軍の発言力も強くなったのである。薩長の権力闘争がここにも作用し、西南戦争や明治十一年の大久保利通暗殺などで薩摩側の勢力に翳りが見え出すと、長州の山縣有朋らが陸軍を牛耳るようになる。

フランス陸軍をモデルにする

ここで問題になるのは、どの国の陸軍をモデルにするかということである。陸軍については、明治政府は当初フランスの兵制を取り入れようとした。幕末期の幕府が仏陸軍の強い影響を受けていたからだ。

幕府は士官をフランスから招き、陸軍の整備を進めるため、フランス公使レオン・ロッシュの協力を得た。慶応二（一八六六）年、幕府の要請を受けたフランス政府は、ジュール・ブリュネ砲兵中尉ら軍事顧問団を日本に派遣した。これを受け、幕府陸軍は仏式の訓練を重ねた。戊辰戦争が始まると、ブリュネら仏士官は榎本武揚率いる旧幕府軍とともに箱館、五稜郭に入り軍事顧問として従軍した。

明治二（一八六九）年に旧幕府軍は降伏するが、ブリュネらは箱館港に停泊していた仏軍艦で脱出、本国に戻った。ブリュネは罰せられることなく軍に復帰し、明治三〜四年の普仏戦争でプロイセンと戦った。フランスはこの戦争で敗れ、ブリュネはナポレオン三世らとともに捕虜になる。だが、その後もブリュネは仏陸軍の中枢を歩み、明治三十一年には陸軍参謀総長にまで登りつめている。

明治十五年には陸軍大学校が設置されたが、当初はフランス式兵制を土台とすべく、フランスから軍人を招いた。そこで教えられたのはナポレオンの戦略だった。

プロイセン方式へ乗り換える

ところが共和制のフランスの軍事は、天皇制の日本には合わないことが徐々に分かってきた。また、普仏戦争でフランスを破ったプロイセンが欧州の新興勢力として台頭してきた。しかもプロイセンの軍事は「皇帝の軍隊」を志向しており、「天皇の軍隊」との親和性があった。日本政府はこの点に着目し、プロイセンを中心とするドイツの新しい兵制を取り入れようとする動きが加速する。長州出身の軍人である桂太郎らは、プロイセン式の兵制導入に転換した。

明治十八（一八八五）年、ドイツ陸軍のクレメンス・メッケル参謀少佐が来日し、陸軍大学校での教育にあたることになった。メッケルは、プロイセンの伝説的な参謀総長でドイツ統一の基礎を築いたヘルムート・フォン・モルトケの弟子であり、モルトケの推薦で日本にやって来た。モルトケはプロイセンの軍事学者カール・フォン・クラウゼヴィッツの信奉者であり、メッケルもその流れを汲んでいた。

日本滞在三年間で陸大の教育課程を仏式から独式に改革したメッケルは、戦術ノウハウを惜しみなく日本に伝授した。プロイセンの軍事学は、いわば「皇帝に直結する参謀の軍事学」であった。これは、天皇に統帥権があるとの建前で軍備を整えていた日本には都合が良かった。

三年間の日本滞在の後、メッケルは明治二十一（一八八八）年にドイツに帰国する。

だが、その教育効果はすぐに現れた。秋山好古《よしふる》、児玉源太郎など、メッケルの薫陶を受けた優れた人材が、日清戦争（明治二十七〜二十八年）、日露戦争（明治三十七〜三十八年）で大活躍し、日本は勝利をおさめたのである。この成功体験で、ドイツ式軍制への信頼が盤石なものになった。メッケルが基礎を作った陸大の教育課程は、昭和二十（一九四五）年の敗戦まで継承された。

やや脱線するが、明治十八年に卒業した陸大一期生十人のうち、首席は東條英教《ひでのり》であった。東條英機の父親である。

南部藩の能楽師の血筋に生まれた英教は、激しい反骨精神の持ち主だった。幕府側についた南部藩は薩長同盟に苦杯をなめさせられたという怨恨から、藩閥政治の弊害を公言し、長州閥打倒を訴えていた。そのため山縣に嫌われ、首席でありながら出世はかなわず、中将で予備役に編入されて不遇の軍人生活を終えた。

のちに東條英機が陸軍幼年学校に進んだ時、山縣の子分格である寺内正毅が講演に来たことがあった。長州閥のせいで父親が不遇だった英機が、寺内を「憎々しげにじっと見ていた」という証言が残っている。そんな英機が日本を破滅的な敗戦へ導いていくのは、歴史の皮肉である。

アメリカの軍制を採用しなかった理由

ここで考えたいのは、なぜ日本が近代軍制のモデル国家としてアメリカに目を向けなかったのか、という点である。

日本の近代は、アメリカの外圧によって始まった。嘉永六（一八五三）年、ペリーが率いた米東インド艦隊が江戸に近い浦賀に来航した。最新の軍事力である「蒸気船」は軍事面で日本に大きな衝撃を与えた。アメリカは圧倒的な武力によって江戸幕府に開国を迫り、幕府はこれに屈し、翌年「日米和親条約」を締結した。

砲艦外交で開国させられた日本だが、開国直後、明治新政府は新たな国づくりのモデルとして、アメリカに学ぼうとした。明治四（一八七一）年十一月、岩倉使節団が最初に向かったのはアメリカだった。アメリカではその六年前まで、四年にわたって南北戦争が続いていた。長期間の内戦は、兵器と戦術における進歩を促した。北軍は当時の地上戦における最新の戦術を採用し、勝利を収めた。

ところが、明治新政府はそのアメリカの兵制を採用しなかった。大きな要因の一つは、新政府が帝国主義国家の建設を急いでいたことにある。

第1章で指摘したことだが、明治維新後の日本がとりえた国のかたちとして、五つの国家像があった。①欧米列強にならう帝国主義国家、②欧米とは異なる道義的帝国主義国家、③自由民権を軸にした民権国家、④アメリカにならう連邦制国家、⑤攘夷を貫く小日本国家、である。

日本が④のアメリカ型の連邦制国家をとらなかったのは、おもに文化の違いや国土の広さの違いなどのためだったが、軍のあり方もその一因だったのではないかと考えられる。アメリカ初代大統領ジョージ・ワシントンは、独裁政治を廃し、三権分立にこだわった。そのため、アメリカでは軍隊機構が政治に従属するシビリアン・コントロール（文民統制）が徹底していた。アメリカン・デモクラシーならではの軍事機構であるともいえる。

一方、当時の日本は、事情が違った。薩長出身者を中心とする明治新政府のリーダーたちは、維新という暴力革命によって権力を獲得した。維新後も、西南戦争や竹橋事件などを経験する中で、急いで暴力装置を持つことの重要性を痛感していた。藩閥政治への反発が高まり、自由民権運動が高揚し政党が次々と結成されると、薩長出身者は「今度は自分たちが暴力革命の対象にされるのではないか」との恐怖感を抱くようになった。悠長にシビリアン・コントロールを整えてはいられない事情があったのである。

薩長出身者らは、軍を政党から切り離すために力を注いだ。それがわかりやすいかたちで現れたのが、山縣が主導した「軍人勅諭」であった。

これによって、軍は大元帥である天皇に直属することとなり、軍の編制や作戦には、首相といえども口出しできなかった。口出ししようとすると、「統帥権干犯」という、政治生命を絶たれかねないレッテルを貼られてしまう。軍は統帥権干犯を盾に、文民統制から離れて好き放題できる余地を得たのである。それは帝国憲法ができた後も継続された。

戦術を学んでも「軍事哲学」は学ばず

短期間で日本が軍事大国になりえた最大の理由は、プロイセンから積極的に最新軍備を取り入れ、有能な人材を招聘して軍事教育に当たらせたからである。

しかし、急激な軍の近代化の裏で、大きな歪みも生まれていた。

メッケルが日本に伝授したのは「この地形ではこう戦え」「敵がこう出てきたらこのように叩け」といった戦術面に特化したノウハウであり、長期的な国防計画や軍事哲学ではなかった。戦術に代表される実用的な技術の吸収ばかりを急ぐあまり、それを支えるべき日本固有の軍事哲学や思想の構築を怠ってしまったのである。日本は江戸時代、長く対外戦争をせず、植民地支配もしていない。各藩としてはともかく、国家としての軍事哲学は無きに等しかった。

一方、欧州列強は戦争を繰り返す中で、植民地支配のノウハウを蓄積し、その国固有の軍事哲学を持つに至った。日本が学んだドイツでは、市民社会が成熟するとともに「皇帝の軍隊」から「国民の軍隊」へと変貌し、シビリアン・コントロールが根付いていった。

日清戦争の勝利によって、いくら日本が外形的には欧米列強と肩を並べたように見えても、内在する哲学の強靭さという意味においては、日本はポッと出の成り上がり者にすぎなかった。

シビリアン・コントロールなき日本

軍事哲学といえば、先に述べたクラウゼヴィッツの『戦争論』が有名である。プロイセン王国に生まれたクラウゼヴィッツは、十二歳で歩兵連隊に入隊して以来、動乱の欧州を軍人・軍事思想家として過ごした。一八〇六年、プロイセンはナポレオン率いるフランス軍に大敗し、首都ベルリンは占領された。クラウゼヴィッツは捕虜となった（後に解放）。プロイセンは敗戦を糧に軍改革を進め、ナポレオンを破った。こうした経験が、独自の軍事哲学の形成につながったとされる。クラウゼヴィッツは五十一歳の時、欧州で蔓延していたコレラで死亡したが、著作集十巻が死後刊行された。そのうち第一〜三巻が『戦争論』である。

クラウゼヴィッツの軍事哲学の中で最も重要なのは「戦争とは、他の手段をもってする政治の継続」であるとの指摘だろう。政治の任務は、国民の生命財産を守り、利益を保持、拡大することだ。戦争のために国民や国家があるわけではない。戦争とはあくまで政治の一手段でしかない。政治の手段には外交があるし、経済政策もある。だから軍事は政治に従属しなければならない――という論でもある。このシビリアン・コントロールの重要性を指摘した部分は、現代でもまったく古びていない。

もっとも、クラウゼヴィッツの時代は、現代とは状況が大きく違う。当時の欧州の戦争は陸戦が中心であった。また戦場の最前線と非戦闘員との間には距離があり、「銃後」があった。だが二十世紀に入ると、第一次世界大戦以降の戦争は科学技術の発達により武器が近代化し、国民生活をも巻き込んだ「国家総力戦」となった。さらに現在のウクライナ侵略を見ると、偽ニュースの拡散などが重要な戦争手段に位置づけられ、市民生活そのものが戦場と化すような事態も生まれている。そうしたことから『戦争論』は時代遅れという指摘もある。しかしクラウゼヴィッツの軍事哲学の真髄は、時代が変わっても通用する。

丸暗記とゴマスリのエリートたち

ただ、歴史を振り返れば、クラウゼヴィッツの哲学とは正反対の事態がしばしば起きている。クラウゼヴィッツは、効率的に軍事行動を行うために、軍人を入閣させるべきだとしている。しかしその結果、逆に軍出身者が政界でのさばりだし、政治を軍事に従属させようとする現象が起きた。その悪い例の代表格が、近代日本の姿である。

なぜ日本ではそのようになってしまったのか。それは、クラウゼヴィッツの軍事哲学の根幹であるシビリアン・コントロールを、軍の教育ではきちんと教えなかったからである。

第2章（65ページ）で紹介したように、軍人教育の根幹にある心得としては、明治十五（一八八二）年に「軍人勅諭」が公布されている。約二千七百字からなるこの勅諭は、末端の二等兵に至るまで全員が丸暗記を強要された。だが、軍人勅諭が説く内容とは、忠節、礼儀などを大切にすべしとの心得であり、リアリズムに基づいた軍事哲学とは程遠い。政治への関与を戒めてはいるが、シビリアン・コントロールの理念とは別である。

陸軍大学校出身者はエリート中のエリートとされたが、そこでも軍事哲学は軽視された。私はかつて陸大出身者からこんな話を聞いたことがある。

「教科書を丸暗記した者が優等になれた。さらに言うなら、優等になれるかどうかは結局、教官へのゴマスリだよ」

試験では上官の経歴や考えを察して、彼らを持ち上げるような答案を提出すると、良い点がついたという。そこには軍事哲学のかけらもない。

朝鮮半島進出への野望

日本が本格的な帝国主義国家への道へ踏み出したのは、明治二十七（一八九四）年に始まった日清戦争である。その四年前の明治二十三年、第三代総理大臣の山縣有朋は第一回帝国議会の施政方針演説で、日本が帝国主義国家へと歩み出す上で重要な主張をした。第1章（29ページ）で紹介した「利益線」である。

なぜ日本は朝鮮半島を勢力圏に置くことを目論んだのか？

日本の戦争の歴史を振り返ると、朝鮮半島を版図に収めたいという志向が、地下水脈のように流れていることが見えてくる。そして、その目論見は必ず失敗し、時の政権を瓦解させる引き金となってきた。

古代から中世末にかけて、日本は何度か対外戦争を経験している。四世紀後半、日本（大和王権）は朝鮮半島南部の百済と密接な関係にあったが、六六〇年、唐と新羅の連合軍に百済は滅ぼされてしまった。日本は百済再興を目指して大軍を派兵したが、天智二（六六三）年、「白村江の戦い」で同連合軍に大敗し、朝鮮半島進出の野望は挫かれた。日本側は多大な損害を被り、戦後も「防人《さきもり》」を置くなど負担を強いられた。さらに敗戦の余波は内政にも影響を与え、「壬申の乱」へと繋がっていく。

それから約九百年後、豊臣秀吉は天正十五（一五八七）年、朝鮮に対して日本への朝貢と明に出兵するための先導役を求めた。朝鮮がこれを拒否すると、文禄元（一五九二）年、十六万もの大軍を派兵した。秀吉軍は漢城（ソウル）や平壌を占領し、現在の中朝国境にまで迫った。しかし、次第に戦局は不利となり、秀吉の死去とともに撤兵した。朝鮮への侵略戦争は足かけ七年に及んだが、豊臣政権は出兵した大名に何の恩賞も与えることができなかった。豊臣政権が短命に終わったのはこのためだ。

その後の徳川幕府は、朝鮮半島への進出の野心を封印する。それどころか、キリスト教勢力の伸張と、貿易によって西国の大名が富を蓄えることを恐れた幕府は、外国との交流そのものを制限するようになる。寛永十四（一六三七）年、キリスト教徒らが蜂起した「島原の乱」を鎮圧した後、鎖国体制が完成した。オランダと中国とは貿易関係は維持したものの、商館は長崎に限った。オランダ人は出島に、中国人も唐人屋敷と呼ばれる区域に居住が限定された。鎖国が可能だったのは、当時の日本社会が政治的にも経済的にも、海外との結びつきがなくても自立しえたからだ。

鎖国にはマイナスのイメージがある。だが、約二百七十年の江戸時代、日本は一度も外国と戦争をしない平和な時代だったこともまた事実である。

「主権線」と「利益線」

その徳川幕府が終焉し、日本は近代帝国主義国家としての道を歩み始める。それとともに、朝鮮半島への進出の野望という地下水脈が、再び地上へ姿を現すようになった。明治六（一八七三）年には早くも征韓論が台頭し、新政府内での主張の違いから西南戦争へと発展した。

そして明治二十三年、山縣は「利益線」を主張。主権線の外側をぐるりと囲むようにして朝鮮半島を含め、「主権線の安危に、密着の関係ある区域」として利益線を引いてみせた。主権線を守るだけでは国益は保護できない。その外側の利益線を守る必要がある。そのためには陸海の軍備を拡張しなければならない——そう訴えて議員たちに協力を求めたのだ。

「利益線」の概念は、この言葉を使うかどうかは別としても、現代でも通用する。自国の周囲で安全保障上の空白地帯を放置していたら、仮想敵国やその同盟国などが押さえてしまうかもしれない。ロシアがウクライナを侵略したのも、ロシアからみてウクライナが

「利益線」に該当し、ウクライナがＮＡＴＯの勢力圏内に入ることは避けたいと考えたからだ。当時の日本も、朝鮮半島が利益線の中にあるとして、欧米列強や清の影響力が朝鮮半島に及ぶことを何としてでも避けたいと考えていた。

列強に伍するには、産業を興し、富を蓄えて兵力を増強すること（富国強兵）が不可欠であった。しかし議会で多数派を占める反政府勢力の立憲自由党や立憲改進党など「民党」は、「民力休養・政費節減」を求め、政府との対立が続いていた。山縣の演説は、その反政府勢力を説得するためのものでもあった。結局、これを受けて自由党の一部が協力に回り、予算は成立した。

清を仮想敵国に設定

軍事哲学なき日本の特徴は、中国との向き合い方に如実に表れることになる。

他の先進帝国主義国家は、清との全面的な戦争をすることは極力回避してきた。清が弱体化していることは承知していても、広大な領土をもつ清と戦えば相当な犠牲が出る。ましてや占領しようとすれば、莫大なコストがかかってしまう。そのため、直接的な武力行使は極力避け、軍事力と経済力を背景として外交交渉で沿岸部の領土の一部を切り取り、租界を作るという巧妙な戦略をとった。租界では治外法権や関税自主権を得る。いわば「点」で支配する作戦である。わざわざ中国大陸を「面」で占領しなくとも、租界という「点」から効率的に利益を吸い上げればよい――それが先進帝国主義国家の〝知恵〟であり、軍事哲学でもあったのである。

だが、日本は全面戦争という直接手段によって中国と正面衝突することを選択した。

朝鮮は当時、一応は独立国だったが、清に朝貢し、冊封体制の中に組み込まれていた。明治維新直後の頃、朝鮮国内では日本の勢力と結んだ改革が進もうとしていた。だが反対勢力が明治十五（一八八二）年にクーデターを起こす。漢城にあった日本公使館が焼かれ、日本人の軍事顧問が殺されるという事件も起きた（壬午《じんご》事変）。この際、清が出兵して鎮圧したことで、朝鮮政府はますます清に接近した。その後も、清を頼る勢力と日本の協力を利用して改革を図る勢力とが対立を続けた。

明治十七年、清とフランスの戦争が始まる。清は劣勢だった。これを受けて朝鮮の親日派勢力は親清派の政権を覆すべく決起するが、清軍が出動して失敗した（甲申《こうしん》事変）。その後、朝鮮における日清の対立はひとまず落ち着いたが、朝鮮半島における日本の勢力は大きく後退した。

じつは日本政府は、明治十年代前半から清を仮想敵国として軍備の拡張を進めていた。明治十一年、一般会計支出に占める軍事費の割合は約一九・五％だったが、明治二十五年には三一％となっていた。山縣は第一回帝国議会演説の九カ月ほど前、「外交政略論」という意見書を著している。そこでも「国の防衛には主権線のみならず利益線が必要であり、その利益線は朝鮮である」と主張している。利益線を守るには「第一兵備、第二（国民の）教育」とも指摘していた。

明治二十七年五月、朝鮮で「甲午《こうご》農民戦争」（東学党の乱）が起きた。減税や日本排斥を訴える運動で、朝鮮政府はこれを鎮圧するために、宗主国である清に派兵を要請した。清はこれに応じ、日本も出兵して乱は治まった。

乱の鎮圧後、日本は清に対し、日清協調して朝鮮の内政改革を進めるべく提案したが、清はこれを拒否し対立が深まった。朝鮮半島への進出を狙うのは清だけではなかった。極東への南下政策を続ける大国ロシアとの対峙も視野に入ってきていた。

国の存立にかかわる「利益線」を維持すべく、日本政府は清との戦争を決意するに至る。

民権派から国権派に転じた徳富蘇峰

対外的な緊張を背景に、日本国内ではそれまで対立を続けていた政府と政党が歩み寄ろうとしていた。議会は巨額の軍事予算を可決した。言論界でも、識者が政府批判から政府支持に転じる動きが見られた。

　たとえば、明治から昭和・敗戦前まで言論界の巨人であった徳富蘇峰の動きが象徴的だ。肥後・熊本藩の下級藩士の家に生まれた蘇峰は、熊本洋学校に学び、プロテスタントの影響を受けた同志連盟「熊本バンド」の結成に参画する。蘇峰の父・徳富一敬《かずたか》は朱子学者だったが、開国通商による富国強兵論を展開した横井小楠に師事した人物である。横井はキリスト教的な価値観に理解を示し、のちの自由民権運動の水脈に繋がる人物とみることもできる。その水脈は、蘇峰にも引き継がれていた。

　明治二十（一八八七）年、蘇峰は「民友社」を結成し、雑誌『國民之友』を創刊、明治二十三年には『國民新聞』を創刊した。蘇峰は自由民権派としての立場から政論を発表していた。その反面、政府が西洋文化を急激かつ上から押しつけようとするのに異を唱えた。また、歴史家の山路愛山らとともに、個人の自由、平等を基礎として先進国の文化を取り入れようとする「平民的欧化主義」を主張していた。

　そのように政府を厳しく批判していた蘇峰であるが、日清戦争が近づくと国権派に転じたのである。

日清両国の対立が頂点に達していた頃、『國民新聞』（明治二十七年七月十五日付）は社説「開戦の好機来る」を発表、「清と開戦の好機なり。別言すれば膨張的日本が、膨張的活動をする好機なり」と訴えた。蘇峰の言説だけでなく、蘇峰とこのころは親しかった内村鑑三の論も、日本政府の対清政策を支持している。もっとも、内村はのちに日本は帝国主義的だと自省しているが、いかに当時の言論界が挙国一致していたかがよくわかる。

このように眺めると、日清戦争は「国のあり方」を模索していた明治政府にとって、欧米列強型帝国主義への道を進む最終的な分岐点であったことが窺える。

その社説掲載から十日後の七月二十五日、日清戦争は朝鮮半島の西側中部、豊島《ほうとう》沖海戦で始まった。戦況は終始日本に有利だった。同年九月十七日、黄海海戦で日本海軍が清の艦隊を撃破。陸軍も清軍を朝鮮半島から追いやった。

清を騙した西欧列強

軍事哲学は、兵士を教育するうえでも重要になってくる。末端の兵士たちは、この戦争をどのように捉えていたのだろうか？

昭和五十（一九七五）年頃、私は日清戦争に従軍した一兵士に話を聞いたことがある。日清戦争から八十年ほど後のことだ。その人物は三重県伊勢の男性で、当時百二歳だった。戦争前は旧制中学で数学の教師をしていたが、二十二歳で徴兵され、名古屋の連隊に入ったという。軍事的知識はまったくなかったが、五十人ほどを率いる隊長となった。軍の経験がないのに隊長に抜擢されたのは、当時の多くの兵士が文字を読めなかったからだという。字が読めなければ武器の取扱説明書も読めない。彼は英語も読み書きできたため、当時としては相当なインテリである。それで異例の昇級となったという。

彼は部下を率いて朝鮮半島に上陸し、北上。各地で戦闘を重ねた。字が読めない召集兵を、陸軍士官学校出身のエリート将校たちは戦場の現場で教育していった。「なぜこの戦争をするのか」を教えるため、青年将校は大きな丸を描き、その下に小さな丸を描いてこう言ったという。

「いいか。日本はこの小さな丸だ。このままでは大きな丸に飲み込まれてしまう。だから戦うんだ」

この程度の幼稚な軍事哲学が、末端の兵士たちに教え込まれていたのである。

戦場では清軍の陣地から頻繁に砲弾が飛んでくる。しかし、砲弾は爆発せずにゴロゴロと地面を転がっていくばかり。おそるおそる不発弾を開けてみると、中には火薬ではなく砂が詰まっていたという。清は西欧の悪徳業者に騙され、ニセモノの砲弾を掴まされていたのだ。幕末、日本でも欧州の武器商人が時代遅れの小銃を幕府や各藩に高額で大量に売りつけたが、同じような悪徳商法を清でもおこなっていたのだ。

日本は戦場の中で、先進帝国主義国家が後発帝国主義国家から巧妙に搾取していることを、実体験として学んでいくことになった。そして、清や朝鮮をある意味「反面教師」とし、自立した帝国主義国家を目指さなければならないことを、当時の指導者たちは痛感したのである。

三国干渉の屈辱と「臥薪嘗胆」

明治二十八（一八九五）年四月、日清戦争は日本の勝利で終わった。日本側全権の伊藤博文首相と陸奥宗光外相は、清側全権の李鴻章と下関で講和条約（下関条約）を結んだ。日本が得たのは①清が朝鮮の独立を承認、②遼東半島・台湾・澎湖《ほうこ》諸島の割譲、③賠償金二億両《テール》、④杭州・蘇州・重慶・沙市の開市・開港、などである。日本は朝鮮から清の勢力を一掃し、利益線を伸張したかに見えた。

だが、ロシア、フランス、ドイツの「三国干渉」を受け、日本は遼東半島を清に返還することを余儀なくされた。列強も中国の利権を狙っていたのである。清はすでに弱体化していたが、日清戦争前には列強から「眠れる獅子」と恐れられてもいた。ところが見るも無残に日本に敗れた。そこで列強は後発帝国主義国家だった日本を外交的に抑え込んだうえで、自分たちもまた清に進出しようと計算したのである。これが三国干渉の本質であった。日本は戦争には勝っても、続く列強との外交戦には敗れたといえる。

列強は中国に触手を伸ばしてゆく。たとえばドイツは明治三十一年、ドイツ人宣教師が殺害された事件を口実に、山東半島の膠州湾を租借した。植民地の橋頭堡である。さらにロシアは日本が清に返還した遼東半島の戦略拠点である旅順、大連を租借した。ロシアは旅順を要塞化し、のちの日露戦争で日本軍に未曾有の被害を与えることになる。さらにはイギリスが威海衛と九竜、フランスは広州湾を租借した。清との戦争に勝ったのは日本だが、その恩恵に浴したのは先進帝国主義国家群だったのだ。

山縣や伊藤は、かつて「岩倉使節団」がプロイセンでオットー・フォン・ビスマルク首相から聞かされた「万国公法を気にするより、富国強兵を行い、独立を全うすることを考えるべきだ。大国は不利になれば公法に代わって武力を行使するからだ」との言葉を噛み締めたはずだ。日清戦争に勝利したとはいえ、日本が列強に圧迫される構図は同じだった。

外交戦の背景になるのは、最後は軍事力である。今はロシアなどの強国にはかなわず、日本は我慢するしかない。そこで「臥薪嘗胆《がしんしょうたん》」の合言葉が、国家的に共有された。薪の上に寝る痛みで屈辱を忘れず、苦き肝を嘗めることで雪辱を誓う。当時の日本が置かれた状況が、この一言に凝縮されている。

戦争の「蜜の味」

三国干渉の経験は、大きな意味で日本社会の構造を変容させた。政治や軍事においても、伊藤博文や山縣らは主体的に日本を帝国主義国家にしようという意思を固めてゆく。

その動きを後押ししたのが、清から得た多額の賠償金だ。遼東半島返還の代償を含めた二億三千万両は、当時の邦貨で約三億六千万円にのぼり、日清戦争の戦費約二億円を遥かに上回った。これは開戦前の日本の一般会計歳出額の四倍に相当する。国家としての基盤を固める時に、この賠償金は非常に大きな役割を果たした。軍備を拡大し、官営八幡製鉄所もつくられた。官僚や軍人、研究者は欧州に留学した。日本の軍人たちは戦争の蜜の味を覚えてしまったのである。

列強は、大航海時代から産業革命を経て、市場と安い労働力を求めてアジアやアフリカの植民地に進出した。そして、自国の権益を守るために武力を用いた。これが先進帝国主義国家の発展モデルである。

しかし日本は、まず軍が周辺国に進出し、領土と賠償金をせしめることで権益を確保するモデルをとった。そして、軍が主導するかたちで産業が発展していった。つまり、産業の発展よりも軍事のほうが先行していたのである。まさにこの部分に、後発帝国主義国家としての特徴がよくあらわれている。

その結果、日本では資本主義も軍に収斂し、軍が国家経済を主導して行くことになった。その奇妙な進化については、第4章で詳しく見てみたい。

閔妃暗殺事件の謀略

日本は次第に主体的な帝国主義国家としての性質をあらわにしてゆく。それを象徴するのが、日清戦争直後に発生した閔妃《ミンピ》暗殺事件だ。

下関条約によって朝鮮に対する清の宗主権は否定された。しかし日本が三国干渉に屈したことで、朝鮮における日本の影響力はむしろ後退した。そこに付け込んだのはロシアである。当時朝鮮で実権を握っていた王妃の閔妃は親露派であり、ロシアと結んで日本に対抗しようという動きを示している。そして明治二十八（一八九五）年に親露派政権が成立した。

ところが同年十月、長州出身の日本の公使、三浦梧《ご》楼《ろう》は公使館員らを王宮に侵入させ、閔妃らを殺害し、死体を焼き払った。自国の利益のために謀略や武力を容赦なく用い、外国政府の中枢に介入してゆく――閔妃暗殺事件のプロセスは、まさに帝国主義的手法そのものだ。

だが、閔妃暗殺は裏目に出た。翌明治二十九年二月にはロシアを後ろ盾とした政権が朝鮮に発足し、多くの親日派要人が処刑されてしまったのだ。日本の行く末には、いよいよロシアとの衝突が見えてきた。

森鷗外が翻訳したクラウゼヴィッツ

結局、日本はロシアとの戦争にも勝った。しかし、日清戦争とは異なり、日露戦争は「儲からない戦争」だった。戦費は国家財政のおよそ七倍にものぼったが、期待していた賠償金は一銭も得られなかった。重税に喘《あえ》いでいた国民は賠償金が得られないことに激怒し、明治三十八（一九〇五）年には日比谷焼き打ち事件が起きた。

私は、このときに日本独自の軍事哲学を打ち立てるチャンスがあったと考えている。日本は富国強兵路線を驀進《ばくしん》してきたが、ここでいったん立ち止まり、「国家にとって戦争とは何か？」を内省すべきではなかったか――。

明治四十一年、朝日新聞で夏目漱石の『三四郎』が連載された。その中に、こんなくだりがある。

――主人公の三四郎が熊本から上京する汽車の中で男（広田先生）と相席になる。日露戦争が話題になった。三四郎が「これからは日本もだんだん発展するでしょう」と言うと、広田先生は「亡《ほろ》びるね」と言い放った。漱石は、日露戦争の勝利で「一等国になった」と浮かれる日本の危うさを見抜いていたのだろう。

だが、そんな懸念を吹き飛ばすかのように、明治四十三年、日本は韓国併合を強行した。朝鮮半島の権益を完全に手中に収めたことで、日露戦争の失敗はうやむやにされてしまった。本来なら、戦勝国になりながら成果を得られなかった時であればこそ、日本人が「何のために戦争をするのか」「いかに国を守るのか」を考え直す好機であったのだが。

じつは陸軍にはそうした思索を試みる動きがあった。漱石と並ぶ明治の文豪、森鷗外は、クラウゼヴィッツの『戦争論』を日本語に訳した人物でもある。日露戦争前年の明治三十六年、同書は『大戦学理』として出版されている。

　陸軍軍医だった鷗外は明治十七年から四年間、ドイツに派遣されていた。鷗外はドイツ滞在中、すでにクラウゼヴィッツの兵書に触れていた。『独逸日記』によれば明治二十一年一月十八日、ベルリンでの記述に、こんな一節がある。

「夜早川来る。余為めにクラウゼヴィッツの兵書を講ず。クラウゼヴィッツは兵事哲学者とも謂う可き人なり」

「早川」とは、メッケルの教え子でもある後の陸軍中将、田村怡与造《いよぞう》のことだ。田村は西南戦争、日清戦争を戦い、参謀本部の中心人物として対ロシア戦争の計画を練り上げた。開戦前に亡くなったが、陸軍きっての逸材であり、山梨県出身であることから「今信玄」と呼ばれていたほどだった。当時の日本陸軍の頭脳がクラウゼヴィッツを学んでいたことの意味は大きい。

　鷗外は『戦争論』を翻訳しただけでなく、田村以外の将校にも講義をしていたことが分かっている。戦争はあくまで政治の手段の一つであり、軍事は政治に従属しなければならない――その哲学に鷗外が共鳴していたことが窺える。

中国を「面」で支配する無謀

しかし、『戦争論』の哲学は日本では受け継がれなかった。昭和に入ると、陸軍は中国侵略を拡大していった。昭和六（一九三一）年には関東軍参謀の石原莞爾らが主謀して満州事変を起こし、翌年に満州国が設立された。

満州事変により、日本軍は中国大陸を「面」で支配することに乗り出した。先に述べたように、これは先進帝国主義国家の〝知恵〟に逆行するものだった。しかも、クラウゼヴィッツの言うような「政治の継続」としての戦争ではなく、「最初に戦争ありき」の行為であった。

関東軍の傀儡国家である満州国を、国際社会は国家として認めなかった。さらにいえば、日本国内でも認められなかった。時の犬養毅内閣は満州国を独立国として承認することに消極的だった。その犬養は昭和七年、五・一五事件で惨殺された。

犬養の後、昭和二十年の敗戦まで十一人が首相になっている。斎藤実、岡田啓介、広田弘毅、林銑十郎、近衛文麿、平沼騏一郎、阿部信行、米内光政、東條英機、小磯国昭、鈴木貫太郎……このうち華族出身の近衛、外交官出身の広田、法務官僚出身の平沼を除く八人は、軍人か軍出身者であった。

近衛は太平洋戦争開戦前の最後の非軍人首相だった。昭和十五年、アメリカを仮想敵国とする日独伊軍事同盟を締結したのは近衛内閣だが、近衛本人は対米戦争の回避を望んでいた。連合艦隊司令長官の山本五十六も同じであった。同年、山本は対米戦の見通しについて、こう近衛に述べている。

「それは是非やれといわれれば初め半歳か一年の間は随分暴れて御覧に入れる。然ながら二年三年となれば全く確信は持てぬ。三国条約（三国同盟）が出来たのは致方ないが、かくなりし上は日米戦争を回避するよう極力御努力を願いたい」（『平和への努力　近衛文麿手記』）

莫大な国費を費やして軍備を拡張してきた経緯から、「アメリカ相手の戦争はできない」と軍人が言うことは難しい。五十六はそれでも「勝算はない」と暗に示唆したのだ。

近衛も対米戦争を回避すべく、アメリカ側にルーズベルト大統領との会談を申し入れた。その場で中国からの撤兵を約束して、軍部を通り越して昭和天皇の勅許を受けてそれを断行するつもりだったとされる。しかし、アメリカ側は会談に乗らなかった。日本の政治が軍部に牛耳られていることを知っていたアメリカは、政治家としての近衛の指導力を信じていなかったのだ。

東條英機のお粗末な答弁

結局、近衛は内閣を投げ出し、対米強硬派の東條英機が首相となった。東條は陸大出身の軍官僚だったが、政治と軍事の関係性についてはまったく理解していなかった。

開戦八日後の昭和十六（一九四一）年十二月十六日、衆議院の委員会で「言論、出版、集会、結社等臨時取締法案」の審議がおこなわれた。届け出制であった結社などを許可制にするもので、戦時下という非常時をたてに、国民の権利を奪う法案であった。

このとき、弁護士でもある勝田永吉議員が質問に立ち、この法案でいう「戦時の終わり」とはどういう意味かと質《ただ》した。明治憲法下でも国民の権利は一定程度認められていた。同法案はそこに抵触する可能性もはらんでいた。勝田は「いつ国民の権利は回復するのか」を確認しておきたかったのだろう。

陸軍きっての俊才だった東條英機

東條の答弁は、驚くべきものだった。

「平和克復、ソレガ戦時ノ終リデアリマス」

これはただの循環論法で、答弁になっていない。「講和条約が発効したときが戦時の終わり」とでも答弁すべきだが、東條はまともな「戦時」の定義すらできなかったのだ。これが陸軍きっての俊才とされた人物の正体である。さらにこの答弁は、軍部が現実的な終戦構想を持たなかったことを示唆している。

もっとも、政府にも一応の終戦構想はあった。開戦一カ月前の昭和十六年十一月十五日、大本営政府連絡会議がまとめた「対英米蘭蔣戦争終末促進に関する腹案」である。同会議には首相、外相、陸相、海相、参謀総長、軍令部総長らが参加した。

案の骨子は、以下の通りである。①東アジア等からアメリカ、イギリス、オランダを排除して重要資源を確保し、長期自給自足体制を整備する。②中国の蔣介石政権を屈服させる。③独伊と連携し、イギリスを屈服させる。④それによってアメリカの戦意を失わせて講和に持ち込む。

このうち①は、資源を入手しても日本への輸送のシーレーンを確保できなかった。②は、四年間の戦争で降伏させられなかった中国を二正面作戦で打ち破るのは難しい。さらに問題は③と④である。ドイツの貧弱な海軍力では、イギリス本土に上陸し補給を続けるのは困難であった。仮にイギリスが敗れたとしても、同盟国であるアメリカが戦意を喪失する保証はなかった。つまり、軍事エリートたちの〝願望〟を置き換えただけの戦略である。

どれだけ国土が荒廃し、国民が死んでもかまわない。とにかく勝つまで戦う——それが当時の日本の軍事指導者の軍事哲学だった。これはクラウゼヴィッツの軍事哲学の対極に位置する。

東條は陸軍大臣時代の昭和十六年、陸軍人向けの心得『戦陣訓』を発表している。「生きて虜囚の辱めを受けず」という一節で有名だが、これは「武士道と云ふは死ぬことと見つけたり」という武家の思想を、軍部に都合よく歪曲したものにすぎない。戦陣訓のせいで捕虜にならずに自殺した兵士は多い。さらには玉砕や特攻という悲劇に繋がっていく。

東條はまた、「戦争は負けたと思った時が負けだ」と演説していた。この論理でいくと、国民全員殺されても負けにはならない。一国の指導者がこんな詭弁を平気で弄するのは、ニヒリズム以外の何物でもない。

石原莞爾の軍事哲学

日本には独自の軍事哲学を持つ人物はいなかったのか。

じつは、独自の軍事哲学を持っていた希有な存在が、陸軍エリートの石原莞爾であった。満州事変を起こした首謀者ではあるが、独自の軍事哲学を持っていたからこそ、堂々と歴史への反逆を試みたともいえる。

石原は明治二十二（一八八九）年、山形県鶴岡に生まれた。父は庄内藩の元藩士。同藩は戊辰戦争の際、会津藩とともに奥羽越列藩同盟の中心となり、薩長を中心とする倒幕軍と戦ったが、敗れて「朝敵」となった。石原は仙台幼年学校に入学、陸軍大学校を第二位の成績で卒業した後、大正十一（一九二二）年から三年間、ドイツに駐在した。

この頃、陸軍は毎年ドイツに十人近い陸大卒業生を送り、第一次大戦の研究を進めさせた。留学生らは「国家総力戦」となった第一次大戦で採用された「情報戦」「産業戦」といった戦術の分析と吸収に集中していた。

だが、石原はこうした軍人たちとは交わらず、独自の行動をとった。戦況や戦術ではなく、戦争のメカニズムそのものに強い興味を持ったのである。ヨーロッパ戦史の大半の書を読破するいっぽう、東洋文明に目を向け、羽織袴姿でベルリンの街を闊歩した。そうして独自の軍事哲学を構築した石原は帰国後、陸大教官、関東軍作戦参謀を歴任した。

昭和六（一九三一）年九月十八日、満州事変の発端となる「柳条湖事件」が勃発。満州・奉天郊外で日本の国策会社だった南満州鉄道株式会社（満鉄）の線路が爆破されたもので、現地に駐屯していた日本の関東軍はこれを満州の軍閥、張学良軍によるものと断定して軍事行動を開始。最終的に満州全域を掌握した。その作戦の首謀者が、石原であった。

石原はその後、参謀本部作戦課長、戦争指導課長、作戦部長などの重職を歴任したが、相当な反骨精神の持ち主で、上司の不興を買うことも多くあった。陸大の席次が二位だったのも、首席の者は天皇の前で御前講演の役が与えられるのだが、石原は日本陸軍の問題点を天皇に向かって平然と指摘しかねないというので、首席だったのを落とされたと言われている。それにもかかわらず、石原は陸軍のエリートコースの本流を歩いていた。

満州事変の首謀者でもあった石原莞爾

そして軍人としては珍しく、古今東西の歴史を俯瞰した上での世界観、軍事哲学を持っていた。石原は仏教学者・田中智学が創設した日蓮宗系の在家団体「国柱会」の会員で、東洋哲学の知識も人並外れていた。まさに「日本的怪物」と呼ぶにふさわしいスケールの大きさを備えた人物だった。

石原は軍人としての出世などという些末なことに囚われていなかった。まず、「自分は十九世紀から二十世紀を生きる日本人である」との意識から出発し、「自分には歴史や時代から託された生き方があるはずだ」と、能動的に自らの生きる道を模索していった。

「世界最終戦論」

そんな石原の思想が現れているのが、「世界最終戦論」である。

第一次世界大戦後に国際連盟が発足し、世界はつかの間の「戦間期」を迎えた。そんな時代に、石原は軍事研究と日蓮宗の教義を踏まえて、独自の日本の将来像を描いた。

石原は、恒久平和は世界統一によってのみ可能となり、世界最終戦争によって実現すると説く。その戦争の前段階として、世界は国家連合の時代に入ると予想し、①ソ連を中心とする社会主義国家の連合体、②南北アメリカ連合、③欧州、④東亜、の四ブロックに分かれるという。これらの国家連合がせめぎ合いをする中で、決勝戦は西洋文明（覇道文明）の覇者であるアメリカと、東洋文明（王道文明）の代表である日本によって戦われ、これが「世界最終戦争」となる。そこで日本が勝者となれば、世界の「絶対平和」が実現する――というものだ。

石原は『世界最終戦論』で、「最後の大決勝戦で世界の人口は半分になるかも知れない」としつつ、「戦争は文明を破壊しつつも、新文明の母たりしものなり」と指摘している。早くから「天才」と言われた知能と寝食を顧みない研究、さらには日蓮宗の教えに基づき、石原が行き着いた世界観であった。

石原が首謀者であった満州事変は、現代からみれば大日本帝国が破滅への道を転がり落ちていく起点となるものだった。だが当時の石原は、彼なりの軍事哲学に基づく合理的な計画としてこれを発案した。満州を事実上の兵站地域とすることで日本の国力を蓄え、「世界最終戦争」の決勝戦に残るべく準備を進めるつもりだったのだ。このため、石原は戦線を早期に拡大することには慎重だった。

昭和十二（一九三七）年に北京郊外で起きた「盧溝橋事件」で日中両軍が衝突した後も、石原は戦闘の拡大に反対していた。ところが中国侵略に前のめりだった陸軍中央は全面戦争に突入してしまった。

石原はその後、東條英機から徹底的に敵視され、太平洋戦争を前に予備役に追いやられてしまった。もっとも、石原のほうも東條には軍事哲学や理念がないことを見透かしており、事あるごとに東條を意図的に挑発する言動をして軽んじていた。

石原が孤立していく経緯には、まさに昭和陸軍内部の「政治と軍事」の対立が凝縮されている。東條ら拡大派は軍事一本槍の対中政策で突き進んだが、石原ら不拡大派は日中トップによる政治決着を模索していた。石原は近衛文麿首相と蔣介石主席の和平会談まで考えて根回しをしていたほどだ。もし石原の戦略が多少なりとも当時の日本の国策に反映されていたら、日中戦争の展開はかなり違ったものになっていただろう。また、日本流のシビリアン・コントロールが根付いた可能性もある。

石原の軍事哲学は、ついに実現しなかった。もっとも石原は戦後、自らの軍事哲学をこう反省している。

「最終戦争が東亜と欧米との両国家群の間に行われるであろうと予想した見解は、甚しい自惚れであり、事実上明かに誤りであったことを認める」（昭和二十四年、『新日本の進路』）

アメリカを知らなかった軍人たち

メッケル以降、日本のプロイセン（ドイツ）一辺倒は敗戦まで続いた。陸軍の出世コースに乗るにはドイツに駐在武官として赴任することが不可欠で、石原や東條もその道をたどった。一方、アメリカへの赴任は出世コースではなかった。その結果、日本陸軍はアメリカの内実をよく知らないまま戦争を始めてしまったのである。

アメリカが日本を遥かに上回る国力を持っていることは、陸軍も知っていた。しかしその国力を「戦力」に転化するまでには時間がかかると見ていた。米国民が戦争に積極的に参加するはずがないという思い込みも働き、米軍の本格的な反攻は昭和十八（一九四三）年秋ごろから始まると見込んでいた。

しかし、この見立ては外れた。開戦わずか四カ月後の昭和十七年四月には、米軍機が日本本土爆撃を敢行し、東京や名古屋、神戸などが襲われた。「ドーリットル空襲」と呼ばれるこの爆撃は、軍事史に残る画期的な作戦だった。米軍は空母に陸軍の爆撃機を載せて発艦させたのだ。空母は洋上の航空基地だが、滑走路となる甲板は大型空母でも二百メートル余りで、小型の艦載機しか離発着できない。しかしその艦載機では大型爆弾は積めず、また航行距離が短いため日本本土に届かない。

そこで米軍はこの空母から陸軍のＢ25爆撃機十六機を発進させることにした。艦載機より大型の爆弾を搭載でき、航行距離ははるかに長い。だが、空母の甲板は陸上の滑走路よりずっと短く、爆撃機を離陸させるのは極めて危険であった。それでも米軍は敢行したのだ。ただ、着艦は不可能なので、日本本土爆撃の後は、中国国民党軍の勢力下にある飛行基地に着陸させることとした。

一方、日本側は、本土空襲をさせないために米機動艦隊を叩く必要がある、という山本五十六の強い意志で、太平洋ミッドウェー沖海戦が決行された。

だが、日本は虎の子の主力空母四隻を撃沈され、完敗した。山本は開戦前、近衛文麿首相に戦争の見通しを聞かれて「半年や一年は暴れてみせる。しかし二年三年となればまったく見通しはない」と述べていたが、その見立て通りになってしまったのだ。

「親米保守」の空虚な思想

戦後、ルーズベルトの目論見通り、日本の権力構造は解体され、二度とアメリカに牙を剝かない国家のかたちとなった。絶対君主として天皇が君臨する政体と、統帥権を盾に実質的な権勢を振るった軍部は解体された。その時、日本のナショナリズムもいったん解体され、ＧＨＱが主導した「民主主義下の天皇制」の下で、日本は新たなナショナリズムを構築する道に踏み出した。

だが、戦後七十九年経とうとする今なお、「私たちの国のナショナリズムとはいったい何なのか？」という根本的な問いに対する答えは見いだせていない。今、この不透明な部分が日本の一番の弱点になっているように私には思えてならない。

戦後、社会文化はアメリカナイズされ、安全保障もアメリカ頼みになっている。そうした中で、日本のナショナリズムが余計に見えにくくなっている。〝保守〟を自称する論客たちがメディアに登場し、「親米イコール愛国」「反米イコール反日」といった極端に単純化された思考を恥ずかしげもなく披露している。

だが、こうした短絡的な思考は、アメリカという国の本質をまったく見ていない。戦前の陸軍エリートたちがアメリカの国力を見誤ったのと同じ轍を踏んでいるのである。

戦後の日本にはアメリカン・デモクラシーが導入された。しかしながら、アメリカン・デモクラシーはアメリカ社会の二重性の中で成り立っていることが見落とされている。

日本人がイメージするアメリカ社会は、東部のエスタブリッシュメントや西海岸の進歩的な人々のイメージが強いが、アメリカの中西部や南部の農村地帯には、閉鎖的なコミュニティで一生を終える人々が多くいる。経済格差も大きい。そして、アメリカが「民主主義」「人権」の美名のために戦った戦争は、経済ピラミッドの底辺にいる若者たちが常に担ってきたのである。ここ数年アメリカ社会を混乱に陥れているトランプ前大統領は、この二重性の歪みをうまく利用して自分の力にしたたともいえる。

自壊する日本のナショナリズム

アメリカは民主主義を国是とする一方で、国益を得るためにはマキャベリズムをむき出しにしてきたという歴史的事実も忘れてはならない。

戦後、日米同盟は中国と対峙しているはずだった。ところが昭和四十七（一九七二）年二月二十一日、米大統領リチャード・ニクソンは中国を電撃訪問し、中国共産党主席の毛沢東や国務院総理の周恩来と会談した。米中関係を対立から和解へと転換させたこの外交によって、日本は完全にはしごを外されてしまった。

アメリカ追従を続けることは、当のアメリカ自身も望んではいない。米中国交回復をアレンジしたヘンリー・キッシンジャーはかつて「我々はディスカッションを求めているのだが、日本側の政治家にはディスカスできる人物がいない」と漏らしていたことを、私はある政治家から聞いたことがある。

アメリカ側が議論を求めているのに日本が一方的な追従を続けていると、追従する狡猾さが習い性になり、ある種の植民地根性が国民性を蝕んでいくことになる。それは健全なナショナリズムの発展を阻害し、日本は自壊の道を進むことになってしまう。その危険性を私たちは自覚しなければならない。

いまだ軍事哲学なき日本

翻って、現代の日本には軍事哲学があるのだろうか。

残念ながら戦後の日本は、「国防とは何か」という問いから目を逸らし続けてきたように思える。本来なら、軍事学なき戦前の体制を徹底的に反省したうえで、日本の防衛のあるべき姿を考えるべきである。だが、「戦争イコール悪」という極度に単純化された図式で思考が停止してしまい、戦前の失敗を「なかったこと」にしてはいないだろうか。

戦後の日本は「専守防衛」を打ち出した。私は、もし日本が独自の専守防衛論を磨き上げ、一個の軍事哲学に昇華することができるのであれば、これは非常に強靭な軍事哲学になるだろうと考えている。しかし実際は、アメリカ頼みの軍事論しかない状況が七十年以上も続いてきた。

私たちは、今こそ自分たちに都合のいい歴史解釈から脱し、自前の軍事哲学を持たなければならない。

第4章　戦争が「営利事業」だった日本型資本主義

日本型資本主義の歪みの元凶

明治維新以降、日本は欧米列強に追いつくために富国強兵政策に邁進し、軍事力の強化に国力のすべてを集中させてきた。そして幸か不幸か、日清戦争で勝利してしまう。

日清戦争に勝った日本は、清から二億両（七百四十万キログラム銀）もの莫大な賠償金を得た。これは当時の日本の国家予算の四年分にも相当する。この賠償金によって官営八幡製鉄所ほか近代化への投資をおこない、戦備を増強し、国内インフラも整備した。人材育成への投資もできた。

この〝成功体験〟によって、日本の軍事指導者たちは決定的な勘違いをするようになる。彼らは戦争を「うまみの多いビジネス」であると認識し始めたのである。

「国をどう守るのか？」という軍事哲学を持たぬまま、「営利行為としての戦争」に突っ走れば、その先はどうなるか。「利益をあげるためなら、末端の兵士や国民の命など多少失われたところで惜しくはない」という刹那的な考えが、軍部エリートたちの間で支配的になっていく。それが行きつくところまで行ったのが、「特攻」「玉砕」といった悲惨な戦いであった。

軍事が先導する日本型の資本主義は、国家社会主義に近い性質のものであったとも言える。そして時代が下っても、国家社会主義的な思想は日本の地下水脈として脈々と流れ、現在の日本経済にまで至っているとみることもできる。

官僚が経済政策を事細かに統制してきた戦後社会は、まさにその名残と言える。また、利益を出すために若い社員をボロ雑巾のように使い捨てる一部企業なども、その代表的なものだろう。本章では、明治維新以降の近代の日本経済と財界人に流れる地下水脈を中心に見ていきたい。

「藩士」から「サラリーマン」へ

日本人の雇用形態はかなり変わってきたとはいえ、新卒入社した会社で定年まで働く終身雇用制が現在も主流である。賃金体系も年功序列型が主で、定年と同時に退職金をもらい、その後は企業年金を受給する。

なぜこうした日本型雇用のシステムは変わらないのか。それは「藩」の意識がいまだに私たちの中に根強く残っているからだとみることもできる。江戸時代の藩士は藩に仕えて俸禄をもらい、生涯にわたって面倒をみてもらっていた。いわば雇用関係は「温情」を軸にした主従関係であった。明治以降に登場したサラリーマンは、意識としては「藩」が「企業」に替わっただけとの見方もできる。

　こうした日本ならではの特徴は、資本主義の発展の仕方にも見ることができる。

西欧における資本主義は、大航海時代に始まった。航海のたびに資本を集め、船の装備や人員を揃える。そして航海に出た船は、アジアやアフリカから貴重な香辛料や資源を持ち帰る。そこで出た利益を、出資者に分配するのである。

　十八世紀に産業革命が起こると、株式というかたちで事業への出資を募り、上げた利益を株主に還元するシステムの「株式会社」が発展した。欧米諸国で株主重視の経営が尊重されるのは、このような歴史的背景があるからである。

　だが後発の帝国主義国家として出発した日本では、軍が先導するかたちで資本主義が発展していった。そのため、軍事に直結する重工や海運などの産業が、藩閥政治と密接に絡みあいながら成長した。また、「政商」と呼ばれる資本家たちは、薩長の有力政治家たちと結びつき、北海道や植民地の土地・事業を破格の安値で払い下げてもらうことによって巨額の利益を独占するようになった。

　このように、「藩」の意識と「軍主導の資本主義」により、日本経済は独特の進化を遂げた。

昭和の敗戦により、それはいったんリセットされたかに見えるが、地下水脈化して今なお私たちに大きな影響を及ぼしている。株主総会が「シャンシャン総会」で終わるのも、東芝のような企業に「親方日の丸」意識が抜けないのも、そのためとみることができる。

経済秩序は「藩」から「国家」へ

明治維新直後の日本は、藩の影響力が大きく、近代的な中央集権国家からはほど遠かった。討幕勢力の中心だった薩摩や長州でさえ、藩として独自の兵力を持ち、租税も徴収するなど、幕藩体制時代とさほど変わらなかった。欧米列強と肩を並べるには、新政府は中央集権を進めることが必須だった。

新政府がまず手をつけたのが、各藩主が領地と領民を天皇に返上する「版籍奉還」であった。明治二（一八六九）年一月に薩摩、長州、土佐、肥前の四藩主がそれを申し出た。薩摩藩出身の大久保利通、長州藩出身の木戸孝允らが率先し、他の藩もこれにならった。藩主たちはあらたに「知藩事」という役職を与えられた。幕藩体制下では「殿様」として独立した権力者であった藩主たちが、維新後は中央政府の官吏となったのだ。

しかし、三百年近く続いた近世の政体秩序は簡単には消えなかった。維新を先導した薩長では、藩上層部に不満が高まっていた。とりわけ薩摩藩は西郷隆盛や大久保ら下級武士出身者が新政府の高官になったこともあり、藩主の父、島津久光はこれを不愉快とし、維新政府の方針に従わなかった。薩摩は独立国のような状態となり、明治十年、西南戦争で西郷が敗北するまでそれが続いた。

明治政府はさらに中央集権を進めるべく、明治四年二月、薩摩と長州、土佐から計一万人の兵を東京に集めた。いわゆる「御親兵」であり、のちの近衛師団である。この武力を背景に、廃藩置県を断行した。知藩事を廃止して元藩主たちを東京に移住させ、代わりに政府の官吏を県知事として派遣したのだ。二年前の版籍奉還は、各藩主が政府に願い出るという形を取った。しかし廃藩置県は詔勅、つまり天皇の命令で、有無を言わせなかった。幕藩体制はここで終わった。

幕藩体制下では、日本の中に大小の国主が数多く存在した。徳川家が最大の国主ではあったが、近代的な君主ではなく、各藩はそれぞれの法体系を持ち、経済秩序があった。他藩では通用しない「藩札」という独自の紙幣も発行していた。

廃藩置県はその擬似的な連邦制が崩壊する革命的な出来事であったが、諸藩から大きな抵抗はなかった。理由は大きく言って三つある。一つは中央政府の政治・軍事力が強くなっていたこと。二つ目は、多くの藩が財政的に火の車だったこと。幕末の開国や戊辰戦争の混乱、物価の高騰などで、各藩とも困窮していた。三百近くあった藩の負債総額は、廃藩置県当時で約八千万円、当時の国家予算の二倍近くに達していた。明治政府は、この借金の多くを引き継いだ。そして三つ目は、欧米列強に対抗するためには中央集権による国づくりが必要であるとの認識が、諸藩にも広まっていたことだ。

藩士たちの大リストラ時代

中央集権国家に近づいたものの、新政府には頭の痛い問題があった。廃藩置県後も「武士」が存在したことだ。明治四（一八七一）年の散髪脱刀令でちょんまげと帯刀こそ廃止されたものの、江戸時代同様、家禄などの俸禄（サラリー）を得ている者が膨大にいた。藩を廃止した政府はその支払いを負担することとなったが、総額は国家財政のおよそ三割にも上った。国家財政はひっ迫し、軍備に割く予算も出ない。そこで政府は俸禄を打ち切ることにした。

まず明治六年、「秩禄奉還の法」を定めた。公債、つまり国が出す借金証書と引き換えに自発的な俸禄返上を促した。さらに明治八年にはそれまで米で支給していた俸禄を金銭（金禄）で支給するように改めた。

そして明治九年、俸禄の支給を強制的に全廃した。その代わり、「武士の退職金」ともいうべき「金禄公債」を支給した。これは永世禄、終身禄、年限禄の三種類があり、金禄の額に応じて公債支給額が決められた。額は家禄の五〜十四年分で、総額は一億七千三百万円余りだった。これは当時の国家歳出のおよそ三倍にもなる。

財政難の政府にとっては大きな負担であったが、そうしなければ士族に永遠に俸禄を支払わなければならない。いわば武士階級をリストラしたことで、財政負担がなくなったことは大きかった。この改革は大久保や木戸らの強烈なリーダーシップと、西欧列強に比肩する近代国家を建設しなければならないという使命感によって実現したものだ。

明治政府は早い段階から、欧米式の企業設立が必要と認識していた。明治四年には、欧米の銀行業務や収益構造を解説した『会社弁』（福地源一郎著）と、株式会社設立の手引き書である『立会略則』（渋沢栄一著）が刊行された。渋沢については後述するが、幕末期に欧州に渡り、各国の政治や経済の仕組みを学んでいる。同書はその経験などに基づいて記されている。

さらに明治四年十一月～明治六年九月、岩倉使節団が欧米を回って政治経済のシステムを学び、日本に持ち帰った。株式会社に市民が出資して株主となり、会社があげた利益を株主が分け合う。そして、国家に納税する――そんな資本主義の仕組みを、新政府は日本にも根づかせようとしたのである。

「政商」五代友厚

だが、士族の大半を占める中下層の元武士たちは、公債だけでは生活できなかった。公債を元手に商売を始める者も多くいたが、商売感覚の薄い士族が江戸時代以来の商人に勝てるはずもなかった。客を客とも思わない商売ではうまくいかず、失敗者が続出した。これが「武士の商法」の言葉の由来である。

困窮した士族たちの不満は、一層のこと政府に向けられた。明治初期に地方で反乱が相次ぎ、自由民権運動が高揚したのはそのためでもある。

政府は士族を救済すべく、開墾や移住を奨励した。北海道開拓を官業として始めたのもそのひとつだ。明治五（一八七二）年から十年計画で事業を進め、千四百万円以上の巨費を投じて農園や炭鉱、ビール醸造所や砂糖工場などの施設を次々と作った。

なかには会社を興して成功する元士族もいた。たとえば薩摩藩出身の鉱山王、五代友厚はその一人だ。幕末に薩摩藩遣英使節団として欧州を歴訪した五代は、帰国後に藩の会計係となり、維新後は実業家への道を歩み始める。江戸時代に放置された鉱山跡に目をつけて再開発し、新たな鉱脈を発見して財を成した。

五代は「政商」の先駆的な存在であった。とりわけ有名なのが「開拓使官有物払い下げ事件」である。

開拓使の長官で薩摩出身の黒田清隆は、北海道開拓の官業事業をたったの三十九万円弱で民間に払い下げようとした。売却先は五代らが経営する「関西貿易社」という企業だった。政府はこの払い下げを認めたが、藩閥政府と政商との結託による国有財産の私物化との批判が民権派を中心に広がった。もともと「有司専制」、つまり薩長など藩閥の官僚が独断的に政治を司ることに対して、元士族ら民権派は強い不満を抱いており、この払い下げは火に油を注ぐものとなった。政府内部でも、参議の大隈重信が反対するなど首脳間の対立が深まり、払い下げは中止となった。

この一件は、もともと存在した政府首脳の権力闘争を激化させ、大隈の辞職（明治十四年の政変）へともつれ込んでいく。

大隈は明治十四年三月、一年以内に憲法を制定し翌年中に選挙を行い、二年後には国会を開設するべきであるという意見書を上奏した。大隈が考えていたのはイギリス型の議院内閣制、政党政治だ。これに対し、国会開設にはもう少し時間をかけるべきであり、同じ立憲体制でも君主の権限が強大なプロイセン型の政府を志向すべきとする勢力があった。伊藤博文ら政府首脳は、大隈が民権派と協力して政府を揺さぶっていると判断し、大隈を辞職に追い込んだ。

三菱と三井の台頭

「政商」の筆頭は、やはり岩崎弥太郎である。土佐藩の下級藩士出身の岩崎は維新後、土佐藩の財産を借金ごと引き継いだ。明治三（一八七〇）年、海運会社の「九十九《つくも》商会」を設立し、明治八年に「郵便汽船三菱会社」と改称した。国策として自国の海運業者を育成したい政府は、官有船の無償供与などで三菱に手厚い支援を与えた。

三菱は明治七年の台湾出兵や西南戦争の軍事輸送で莫大な利益を得た。明治八年には外国航路（上海航路）を開始して事業を拡大し、のちに造船や保険業も加えて成長した。そして明治二十六年、「三菱合資会社」を設立し、金融や商社、製紙や鉱業などにも手を広

三菱財閥の創業者・岩崎弥太郎

げて国内屈指の巨大財閥となった。三菱は大隈重信の支援を受けていた。

三菱と並ぶ政商に三井がある。江戸時代から呉服、両替商として富を蓄積していた三井は、維新後に新政府と結びついた。たとえば明治四〜五年にかけての公債の発行業務では、政府から独占的に受注して巨利を得た。三井は時の大蔵大輔《たいふ》（大蔵次官）で、長州藩出身の井上馨と関係が深かった。西郷隆盛は井上を「三井の番頭さん」と呼んで蔑んでいたほどだ。三井も明治四十二年に合名会社を創立し、銀行や商社、紡績、製紙など多分野で事業を展開していった。

資本主義の発展には金融制度の確立が必須である。幕末以来、日本の金融制度は大混乱にあった。江戸時代以来の貨幣や藩札、外国貨幣のほか、明治政府が財政難のために出した太政官札や民部省札などの不換紙幣も入り乱れて流通していた。

これらを整理するため、政府は明治四年、新貨幣を鋳造し貨幣の統一を図った。さらに三井と同じく江戸時代の豪商の流れを汲む小野組、鴻池などが政府に協力し、半官半民の通商会社・為替会社が多数設立された。だが、いずれも営業不振に陥った。

そこで明治五年、政府は国立銀行条例を公布して制度の再建を目指し、翌年、第一国立銀行を設立した。国立と言っても国営ではなく、国の法律に基づいて運営されるという意味で、実際は民間銀行である。第一国立銀行に出資したのは三井組と小野組だった。

国立銀行設立の最大の目的は、大量に出回っている不換紙幣を整理することだった。不換紙幣の乱発は、新しい企業が誕生するための資金供給には役立ったものの、インフレが進み都市民衆や士族らの生活は困窮していた。同銀行は資本金の六割まで紙幣を発行することができた。残り四割は正貨つまり金《きん》を準備して兌換に充てなければならなかった。

しかし、この条件は厳しすぎた。幕末以来、日本の金貨は海外流出が激しかった。日本は欧米に比べて銀が高く金が安いため、外国人は日本に銀を売って金を買いあさり、その利ざやで儲けていた。金を用意できない国立銀行は経営難となり、明治九年には条例が改正された。正貨兌換を中止し、かつ資本金の八割まで紙幣を発行できることとなった。この結果、短期間で国立銀行の設立が進み、明治十二年には百五十三行に達した。

渋沢栄一 vs.岩崎弥太郎

さて、第一国立銀行の総監役（のちの頭取）となったのが渋沢栄一である。

天保十一（一八四〇）年、現在の埼玉県深谷市血洗《ちあらい》島《じま》の農家に生まれた渋沢は、一橋慶喜（後の徳川十五代将軍）に仕えた。そして慶喜の実弟、徳川昭武に随行してパリ万国博覧会を見聞するなど、先進諸国の政

「日本資本主義の父」渋沢栄一

治や経済などに触れた。維新後は明治政府に招かれ、大蔵省に出仕した。明治六年に同省を離れた後は、民間の財界人として活動した。そのスタートが第一国立銀行であった。

渋沢はここを拠点に、株式会社組織による企業の創設と育成に力を入れた。生涯に五百もの企業の設立や運営に関わったとされ、「日本資本主義の父」とも言われる。また教育機関や社会公共事業の支援にも力を入れた。

「国の富をなす根源は何かといえば、社会の基本的な道徳を基盤とした正しい素性の富なのだ。そうでなければ、その富は完全に永続することができない」

渋沢は講演でそう語っている。資本家による事業や富の独占を嫌い、出資者を広く募っ

て事業を成功させ、利益を還元させる「合本《がっぽん》主義」を唱えてもいる。

渋沢は、もう一人の財界の巨人だった岩崎弥太郎と対立し、しばしば論争している。

明治十一（一八七八）年、渋沢は岩崎に招かれて面会した。岩崎は「二人で一緒にやれば、日本の実業は何事も可能になる」と協力を申し入れた。しかし、渋沢はこれを断った。

岩崎は「企業は儲けることが第一であって、国民の利益は第二、第三の問題である。企業が儲けずして存立することはできない」といった論を展開した。一方の渋沢は「企業は単に金儲け、利益を上げるための組織体ではない。国民に利益を還元することで企業は存立し得る。だから、企業それ自体の利益を目的とするならば、むしろ国民を犠牲にすることになる」と反論したのである。

企業、ひいては日本の資本主義はどうあるべきかという本質的な議論であるが、二人の考えは百八十度違うようにみえる。ただ私は、それほど両者に大きな隔たりはなかったのではないかと見ている。

企業の「存立意義」という入口の部分で議論しているのが渋沢である。一方、岩崎は「利益」という出口の部分で考えている。利益の還元先についての認識が多少異なるだけで、両者とも企業が利益を上げて存続すること自体を否定しているわけではないのである。

古河市兵衛と足尾銅山

政商は莫大な利益を上げたが、中には破綻した例もある。たとえば小野組だ。江戸時代、近江国高島郡（現・滋賀県高島市）から発祥した小野組は、屈指の豪商となった。「井筒屋」の屋号で、物流や酒造業、両替商などを幅広く営んだ。維新後は三井組などとともに新政府の為替方を任され、私立銀行の設立に力を入れた。第一国立銀行設立に繋がったのはすでに見た通りだ。しかし、新政府の金融政策が目まぐるしく変わったことに翻弄されて次第に傾き、明治七（一八七四）年に破産した。

その小野組で働いていたのが、古河市兵衛である。天保三（一八三二）年、京都岡崎の醸造業を営む家に生まれた古河は、丁稚や豆腐売りなどの行商に従事した後、小野組に入り、生糸の輸出や米穀取引などで実績を残した。小野組が潰れた時、古河は満四十二歳。当時としては初老だが、まだ事業欲はあった。古河は小野組と取引があった渋沢栄一らの資金援助を得て鉱山経営に乗り出し、明治十年、足尾銅山を買収した。

足尾は江戸時代初期から幕府直営で採掘が行われ、銅は掘り尽くされたと考えられていたが、古河は新しい鉱脈を掘り当てた。さらに最新の外国製機械を導入したことで、産出量は飛躍的に上がった。銅は軍事に欠かせない金属である。富国強兵を目指す日本政府にとって古河は欠かすことのできない政商となった。もっとも、後に足尾銅山は鉱毒が渡良瀬川に流れ込み、深刻な社会問題に発展することになる。

「戦争に勝てばカネが儲かる」と学習

政商は軍と一体となり、国家の支援を受けて経営を拡大していた。また、製鉄会社などの基幹産業は官営だった。これは株主資本をメインとする西欧型の資本主義とは大きく異なる。明治初期に欧米列強型の帝国主義を一つの方向として目指した日本は、軍事主導の経済発展を進めるうちに、いつのまにか国家社会主義的な色彩を帯びた経済構造を持つに至ったのである。

欧米の帝国主義は、まずは商人が市場と権益を求めてアジアやアフリカに進出し、次に軍を伴って植民地を獲得していった。だが日本の帝国主義の歩みはそうではなかった。まずは軍が勢力拡大を目指し、経済はそれに付随するものだった。戦争によって植民地や権益を獲得すると、「払い下げ」というかたちで、特定の政商に利権がもたらされた。そして政商の下で産業が発展し、政商が得た莫大な利益のおこぼれが国民に還元されるというシステムであった。

そうした経済構造は、国家指導者に歪んだ戦争観を抱かせるようになる。戦前の日本の軍部は戦争を一種の「営利活動」と捉えていた。明治二十七〜二十八年の日清戦争で勝利した日本は、当時の国家予算の四倍にも及ぶ賠償金を得た。その資金で産業が発展し、知識人たちが留学し、先進国の知識や文明を取り入れることもできた。「戦争に勝てばカネが儲かる」と、日本は学習してしまったのだ。

欲望むき出しの帝国主義

だが、日清戦争から十年後の日露戦争では、この学習が裏目に出た。戦費調達のため、のちに大蔵大臣となる高橋是清らが欧州で国債を売ったが、到底足りなかった。そこで、増税に次ぐ増税をした。政府と軍は、「勝てば賠償金を取れるから、増税に耐えよ」と国民に忍耐を強いた。

結果、日本はかろうじて戦勝国となったものの、賠償金は取れなかった。ロシアが満州国に持つ権益の一部と樺太の南半分を割譲させたが、一般国民には何の利益にもならない。増税に耐えていた国民は激高し、明治期最大の民衆蜂起となった。明治三十八（一九〇五）年の「日比谷焼き打ち事件」である。

しかし大正三（一九一四）年に勃発した第一次世界大戦で、日本政府はまた戦争の味をしめてしまう。ドイツと戦うイギリスは日英同盟に基づき、日本に参戦を求めた。当時、ドイツは中国沿岸部や太平洋諸島を植民地としていた。イギリスが期待したのは、日本海軍が東シナ海でドイツの武装商船を撃破することで、あくまでも海上作戦に限定したものだった。

ところが、この要請を受けた第二次大隈重信内閣は、東アジアで日本の権益を拡大する好機と捉えた。政府内には「三国干渉に対する復讐戦」という意見もあった。日清戦争に勝って中国の遼東半島を割譲させた後、ドイツ、ロシア、フランスの「三国干渉」によって同半島を返還させられたことの恨みを晴らす機会だというのである。

開戦一年後の大正四年には、中国の袁世凱政府に対して「対華二十一箇条要求」を突きつけた。大戦で列強の関心が欧州に向かっていることの隙をつき、また辛亥革命以来混乱していた中国から権益をもぎ取ろうとする、帝国主義的な欲望むき出しの要求であった。

大戦は連合国側の勝利に終わった。日本は中国におけるドイツの権益を全て奪い、パラオやサイパンなども国際連盟の「信託統治領」として獲得し、のちに事実上の植民地とした。賠償金は得られなかったが、領土や資源という面で大きな利益を得た。

「生産性」と「利益配当」への理解が歪む

日本の資本主義は軍主導による極めて特異なかたちで進化した結果、資本主義の根幹部分ともいえる「生産性」と「利益配当」への理解が歪んだものになってしまった。

太平洋戦争に突入する前の昭和初期、すでに日本の軍需産業や軍関連の工場では、労働生産性が相当悪化していた。政府が資金を出して軍が主導する生産ラインでは、働く人間の意欲は上がらず、合理化も進まない。

この時、大蔵大臣を務めていた池田成彬《しげあき》は、軍需産業の株式会社化と利益配当の実施を主張した。池田は三井銀行の出身で、三井財閥の総帥も務めた経験の持ち主である。その経験から、本来の資本主義の合理的システムを取り入れることで、軍需産業の生産性の向上を図ろうとしたのである。

ところが、これに陸軍次官の東條英機が大反対をした。「神聖な陸軍の軍備を作るための工場を、金儲けのための株式会社などにして、利益を配当するとは何事か」というのが東條の論であった。池田は東條に警戒され、のちに「親英米派」とみられて憲兵隊の監視対象とされた。

第二次近衛内閣で商工大臣となった阪急東宝グループ総帥の小林一三も、軍から遠ざけられた一人だった。自由主義経済の信奉者である小林は、統制経済を主導する同省事務次官の岸信介と鋭く対立した。のちに小林は、軍と結託した岸によって失脚させられる。

軍先導型の資本主義は、つまるところ「戦争に勝って賠償金を取る」という最終目標が達成されない限り、回らない。戦争に勝利するためなら、多少の無理や無謀な作戦も許されるという空気になってゆく。労働をして対価を得るという素朴な喜びが、「兵士の義務」に変質していった。さらには兵士の命よりも勝利が至上命題となるのである。

安田善次郎の禁欲的労働観

軍事先導の資本主義によって政商が生まれた一方、素手でのし上がった人材がいたことも見逃してはならない。たとえば「花王」の創業者、長瀬富郎もその一人である。

文久三（一八六三）年、美濃国福岡村（現・岐阜県中津川市福岡）の造り酒屋に生まれた長瀬は、維新後、東京・日本橋馬喰町《ばくろちょう》で小間物商を営んだ。当時、石鹸は舶来物＝輸入品を扱っていたが高価で、国産品は安かったが品質が悪かった。長瀬は自ら調合技術を学び、職人や薬剤師と開発を進め、明治二十三（一八九〇）年、ついに純国産の「花王石鹼」の誕生を見た。

明治五年に東京・銀座で創業した「資生堂」や明治十一年に大阪・道修町《どしょうまち》の薬種問屋から始まった「塩野義製薬」など、日用品などを製造する企業には軍に組み込まれずに成長した企業が多い。開国後短期間での実業家の輩出を可能にしたのは、二百七十年間の江戸時代の蓄積があったからだ。鎖国下でも産業が成熟し、識字率も極めて高い。加えて、労働に対する禁欲的なモラルも高かった。そうした土壌が日本の資本主義の発展に貢献したことは言うまでもない。

たたき上げの財界人のなかには、のちに財閥を築いた者もいた。たとえば、安田財閥の祖である安田善次郎がその典型と言える。日本の資本主義の基礎を築いた一人である善次郎は、一代で三井、三菱、住友と並ぶ四大財閥の一つ、安田財閥を築いた実業家であった。

天保九（一八三八）年、富山藩下級藩士の子として生まれた善次郎は、二十歳で江戸に出て日本橋小舟町《こぶなちょう》の両替店に奉公し、金融を学んだ。元治元（一八六四）年、鰹節小商兼銭両替店の安田屋を日本橋人形町で開業した。幕末で江戸の世情は混沌としており、同業者の休業や廃業が相次いでいたが、善次郎はこの商売をやめなかった。

明治維新後、善次郎は新政府が発行した太政官札を積極的に取り扱った。だが、太政官札は不換紙幣であり、政府が転覆するかそれに近い危機に陥ればただの紙くずになる。当時は不平士族らの反乱が相次ぐなど、政権は不安定であり、リスクの高い商売であった。

さらに善次郎は新政府が次々と発行した公債を買い集めた。いずれも維新政府の将来に賭けたのだ。善次郎の読みは見事に当たり、巨万の富を築くに至った。明治九（一八七六）年、善次郎は第三国立銀行の創立に参加し、明治十三年に安田銀行を開業。明治十五年には、創立されたばかりの日本銀行の理事に就任している。晩年には東京帝国大学の安田講堂、日比谷公会堂の寄付を申し出るなど、善次郎は社会貢献にも力を入れた。

善次郎は起業を志した時、以下の三つの誓いを立てたという。

一、**独立独行、決して他人を頼らぬこと。一生懸命働くこと。**

二、**嘘を言わぬこと。曲がったことをせぬこと。正直に世を渡ること。**

三、**生活費、小遣銭などはすべて収入の八割以内とし、二割は非常の時のために貯蓄すること。また住宅には身代の一割以上の金を決して使わぬこと。**

この誓いからは、善次郎のストイックな勤労観、人生観が窺える。

ドイツの社会学者マックス・ヴェーバーは『プロテスタンティズムの倫理と資本主義の

精神』の中で、プロテスタントの厳格な倫理的生活態度（エートス）のなかに、資本主義の精神が胚胎していると指摘した。強欲と結びつけて語られがちな資本主義であるが、本来は合理的禁欲主義が資本形成に一定の役割を果たしたというのである。これは日本においても当てはまると考えられる。近代日本の実業家のなかには、江戸時代からの商人道徳を引き継いで、禁欲的な振る舞いを是とした者が数多くいた。そうした実業家は、善次郎のように大きな成功を収めている。

こうした足跡をたどってみると、善次郎は資本主義の本質を体現した日本型実業家の代表例であったと言える。

大原孫三郎が目指した理想の企業

安田善次郎よりやや時代は下るが、同じ明治期に独自の企業経営をし、社会貢献にも力を入れたユニークな企業があった。岡山藩士の血筋をひく大原孝四郎らが立ち上げた倉敷紡績所（現・クラボウ）である。

同社もいわゆる政商とは一線を画す存在であったが、経営理念に「藩」の地下水脈が見て取れるという点においても、注目に値する。

二代目社長の大原孫三郎は東京専門学校（現・早稲田大学）を卒業して明治三十九（一九〇六）年、父孝四郎の跡を継いだ。二十六歳の青年社長となった孫三郎は、事業の多角化を進め、倉敷毛織、倉敷絹織（現・クラレ）、中国合同銀行（現・中国銀行）、中国水力電気会社（現・中国電力）などを設立。その一方で、従業員とその家族たちの教育に惜しみなく財をつぎ込み、職場環境の改善を進めた。

当時の紡績工場の主力は農村から出稼ぎに来ていた女工たちだったが、長時間労働や劣悪な作業環境で体を壊すことが多かった。「女工哀史」の世界である。そうした中、孫三郎は大正十（一九二一）年、倉敷労働科学研究所を設立した。心身の病気や衣食住のありかたなどを研究させ、女工たちの待遇改善に役立てた。

さらに大正十二年には、倉紡中央病院を開院した。このころ同社グループの従業員は一万人近くになっていたが、従業員の健康管理と診察を十分に行うため、最先端の設備を整えた総合病院を設けることにしたのである。同病院はのちに従業員だけでなく一般にも開放された。これらに先立つ大正八年には、大原社会問題研究所（現・法政大学大原社会問題研究所）を設立し、社会科学研究の拠点を作った。昭和五（一九三〇）年には日本最初の西洋美術館となる大原美術館も開館させている。

「資本も経済も産業も技術も、すべて人間のため」というのが孫三郎の信念であった。本業だけでなく、医療や福祉・慈善、教育、文化など各方面に投資をおこなった。重役らは強く反対したが、孫三郎は「事業に冒険はつきもの、儂《わし》の眼には十年先が見える」と、一顧だにしなかった。

孫三郎の経営理念を見てみると、ひとつの企業グループが、従業員やその家族を養い、人材育成や文化発展までを担うことを理想としている。これは維新後の近代日本が取りえた国家像のうち、「連邦制国家」と親和性のある発想である。企業グループという小国家の中で従業員の生活すべてが成り立つという理念は、江戸時代の「藩」の地下水脈につながるとみることもできる。

「資本家は民衆の敵」となる

だが、資本主義の思想が近代の日本社会であまねく理解されたとは到底言えなかった。

大正十（一九二一）年九月、安田善次郎は神奈川県大磯の別荘で、国粋主義者の朝日平吾に刺殺された。その場で自殺した朝日の斬奸状《ざんかんじょう》には、こう書かれていた。

「奸富安田善次郎巨富ヲ作《な》ストイエドモ富豪ノ責任ヲハタサズ、国家社会ヲ無視シ貪欲卑《ひ》吝《りん》ニシテ民衆ノ怨府タルヤ久シ。予ソノ頑迷ヲ愍《あわれ》ミ仏心慈言ヲモッテ訓《おし》ウルトイエドモ改悟セズ。ヨッテ天誅《てんちゅう》ヲ加エ世ノ警《いまし》メトナス」

この斬奸状には、「資本家は民衆の敵」であるという短絡的な思い込みが投影されている。同じころに知的エリートたちが感電した共産主義思想と国粋主義者のテロリズムが、奇妙な一致を見せたのである。

暗殺事件の当時、日本は第一次世界大戦後の不況の真っ只中だった。大戦では未曾有の好景気に沸いたが、それは主に海外市場の影響によるものだ。日本の資本主義は戦争によって発展してきた。日清戦争以来、軍需産業の占める比重が大きく、平和になると需要は当然減少する。また国内市場が狭く、海外市場への依存度が高かった。

戦後、主要国の生産力が回復すると、輸出は減少した。大正八年には輸入超過に転じ、大正十年には株式が大暴落した。外貨の稼ぎ頭だった綿糸と生糸の価格も暴落した。紡績・製糸業は操業短縮などに追い込まれ、多くの女工らが職を失った。社会が深刻な不況にあえぎ、財閥を見つめる目は厳しくなっていた。

財閥の栄華は庶民の苦しい生活の上に成り立っていたという側面――たとえば農村が抱えきれない労働力を都市の企業が安く働かせていたことなど――もあっただろう。これを

「搾取」とみる者がいるのも自然である。

　ただ、善次郎が目指していたのは、資本を投下して利益を社会に還元するという、近代資本主義の営みそのものであった。それがテロの対象になってしまったのである。安田善次郎暗殺事件は、昭和に入っての右翼による財界人へのテロと共通する。その後の日本の資本主義の方向性を示したものであるとも言える。

金融恐慌と財閥の支配強化

　安田善次郎暗殺から二年後の大正十二（一九二三）年、関東大震災が発生した。京浜地帯の産業は壊滅的な打撃を受け、銀行が持っていた手形の多くが焦げついた。いわゆる「震災手形」である。これによって、日本の資本主義に歪みが生じた。

　日銀は四億三千万もの特別融資で急場をしのごうとしたが、昭和元年末の時点で二億円が未決済となった。このうちおよそ一億円の震災手形を抱えていたのが、国策銀行である台湾銀行であった。台湾銀行は台湾の金融の中心であり、中国や南洋諸島への経済的進出の拠点として設立されたが、総合商社・鈴木商店との関係が深かった。鈴木商店は明治前期に貿易商として創業したが、第一次大戦中は台湾銀行の融資を受けて事業を拡大し、一時は三井や三菱に迫る勢いであった。

だが大正七年の米騒動で神戸の本店が焼き打ちに遭い、戦後恐慌と関東大震災でも深刻な打撃を受けて経営は悪化した。台湾銀行からの巨額の融資は不良債権となり、台湾銀行本体までが危機を迎えていた。

時の政権は憲政会の若槻礼次郎内閣である。内閣は震災手形の処理を進めるべく法案を議会に諮《はか》った。その過程で、震災手形を保有している銀行の経営内容が悪化していることが明らかになってゆく。昭和二（一九二七）年三月、不安を覚えた預金者が預金引出しのため銀行に殺到し、取付け騒ぎが発生。三十行以上が休業した。

若槻内閣は台湾銀行救済のため緊急勅令を公布しようとしたが、枢密院が反対し否決された。内閣は総辞職に追い込まれた。台湾銀行に融資を打ち切られた鈴木商店は倒産したが、台湾銀行は大幅な減資により何とか倒産を免れた。

憲政会の若槻内閣に代わって昭和二年四月二十日、立憲政友会の田中義一を首相とする内閣が成立し、高橋是清が大蔵大臣に就任した。高橋は、思い切った手を打った。まず全国の銀行を二日間休業させた。さらに三週間のモラトリアム（支払猶予令）を発した。政府は日銀に対して二十億円近い非常貸し付けを行わせた。国が全面的に救済に乗り出すことによって、何とか恐慌を鎮めたのである。

この恐慌で金融界の再編が進んだ。三井、三菱、住友、安田と第一の五大銀行が経営難の中小銀行を吸収し、寡占化が進んだ。中小銀行の消滅は、取引先の中小企業にも深刻な影響を及ぼした。当然、そこで働く者たちの失業につながる。都市の中小零細企業などは、農村の余剰労働力を吸収する役割も果たしていた。このため恐慌は農村にとっても大きな打撃となった。

一方、大銀行を持つ財閥は産業資本と密接に結びつき、財界における支配力を強めていった。また三井は立憲政友会、三菱は憲政会（のち、立憲民政党）との関係が深く、政治資金などによって政治的発言権も強めていく。こうした政治と財界の結びつきは「癒着」とみられ、右翼からも左翼からも批判されることになる。

「金解禁」という選択

昭和四（一九二九）年七月、対中国政策の行き詰まりなどから田中義一内閣が退陣し、民政党の浜口雄幸内閣が発足した。当時、世界経済は安定から上昇に向かっていたが、第一次大戦の戦勝国でありながら日本は不況にあえいでいた。財政再建と景気回復は、浜口内閣にとって大きな課題であった。

浜口内閣がその切り札の一つとしていたのが、金輸出の解禁である。だが、結果的にはそれが日本経済を決定的に狂わせてしまうことになった。以下、あらためてその経緯を振り返ってみよう。

金解禁とは、通貨と金の兌換を自由にし、金の輸出を認めることである（金本位制）。もともと日本は明治三十（一八九七）年に金本位制を採用したが、大正六（一九一七）年に停止し、現在と同じ管理通貨制度とした。ドイツ、アメリカ、フランス、イギリス、イタリアも大正三～八年に金輸出を禁止していたが、それぞれ大正八年～昭和三年に解禁しており、金本位制は世界主要国の大勢となっていた。慢性的な不況からの脱出を期待する日本の財界では、金解禁を期待する声が高まっていた。民政党も政治綱領の一つとして掲げていた。

浜口は蔵相に前日銀総裁の井上準之助を充てた。井上は立憲民政党の党員ではなく、前の政友会内閣では高橋蔵相に乞われて日銀総裁に就任しており、政友会寄りと見られていた。蔵相起用が「意外な人事」と受け取られた井上は、金解禁論者であった。井上は著書『金解禁　全日本に叫ぶ』（昭和四年）の中で、以下のように述べている。

「経済上の難問題の中で最も重大であり、且つあらゆる経済問題の中核をなしている金解禁問題の解決こそは、行詰れる我が国の経済的安定に絶対必須の最大要件であると、私は深く信じている。（中略）日本は、その金本位制を一時的に停止して、国際経済の逆道を歩いている。この結果こそ、今日における我国の経済的不安を深刻ならしめた最大の原因なのである。（略）我が国の金本位制が常態であれば、対外的に日本の通貨は調節される。通貨の調節に伴って物価もおのずから調節され、勢い国際貸借のバランスも調節され得るのだ。天然自然に斯《か》かる作用を行うのが金本位制の本質である」

欧米列強と同じように金の輸出を解禁すれば、物価の乱高下や国際収支の悪化など、長年日本が悩んでいた問題が一挙に改善する——井上はそう信じていた。

井上は金解禁の準備として緊縮財政、産業合理化による物価引き下げを図った。世界市場で戦えるだけの生産力を日本企業につける狙いだった。産業合理化とは、新しい設備投資や新技術の導入、労働能率の改善などによって生産性を向上させることだ。いつの時代もそうだが、合理化についていけない企業が出てくる。この場合、合理化によって利益を増大させた企業や、新興産業などがこれらを吸収する方向が望ましい。

だが、そうした受け皿がないままに合理化を進めれば、失業者が増え、社会は不安定化する。

昭和恐慌

浜口内閣が満を持して金解禁に踏み切ったのは昭和五（一九三〇）年一月であった。しかし、これに先立つ昭和四年十月二十四日、アメリカで異変が起きた。金融市場ウォール街で史上最悪の大暴落「暗黒の木曜日」が起きたのだ。その後、アメリカでは一万以上の企業と銀行が倒産し、約五百万人が失業した。不況は長期化し、昭和八年には一時、全米の銀行が休業した。

日本は最悪のタイミングで金解禁をおこなってしまった。後に「嵐の中で雨戸を開けた」と評されたほどである。日本にとってアメリカは最大の輸出市場であった。輸出が激減した結果、洪水のように金が流出していった。解禁後の五カ月だけで二億二千万円もの正貨が流出した。アメリカ以外の海外市場も未曾有の不況に巻き込まれ、日本の輸出はさらに激減した。結局、二年間で七〜八億円の正貨を失った。解禁時に十三億円以上あった正貨が四億円にまで減ってしまったのである。

物価も株価も急落し、企業の倒産や操業短縮、人員整理や賃金切り下げが行われた。浜口内閣が前述の「受け皿」を作らないまま合理化を進めたことが、不況に拍車をかけた。昭和五、六年の失業者は二百万～三百万人にまで達したとされる。これが昭和恐慌である。

とりわけ農村の打撃は深刻だった。前述の金融恐慌で疲弊し、回復の兆しすら見えない状況で今度は世界規模の恐慌が直撃したのだ。農産物の主力であった米の値段は暴落した。またアメリカ向けの生糸輸出が激減した結果、農村の重要な現金収入源であった養蚕業も壊滅的な打撃を受けた。さらに家計を助けるために農村から都市部に出稼ぎに来ていた者たちが一斉に失業した。ことに東北地方は昭和六年の記録的な冷害が追い打ちをかけ、まともに食事ができない欠食児童や若い女性の身売りなどが社会問題となった。

アメリカの大恐慌を予想することは極めて難しかっただろう。しかし、浜口内閣の政策上の失態は明らかで、国民の不満はさらに高まった。

財閥に向けられた凶弾

昭和五（一九三〇）年十一月十四日、浜口は東京駅で右翼団体「愛国社」社員の佐《さ》郷屋《ごうや》留雄に至近距離から狙撃された。浜口は翌年、この傷がもとで死去した。

佐郷屋は浜口狙撃の理由として、ロンドン海軍軍縮条約の締結をめぐって「統帥権干犯をした浜口は許せない」との趣旨の供述をしている。だが、佐郷屋が統帥権干犯についてきちんと理解していた形跡はない。佐郷屋は未曾有の不景気がもたらした鬱屈を抱え込んでいたところ、浜口と対立する軍部関係者らにその不満を利用され、テロリストに仕立てられたとみられる。大蔵大臣の井上準之助も昭和七年二月九日、総選挙の応援演説に向かう途中、東京・本郷で小沼正《おぬましょう》により射殺された。小沼は要人の「一人一殺」を目指したテロ組織「血盟団」のメンバーだった。

恐慌が長引く中、多くの産業がカルテル（企業連合）を結んで物価下落を食い止めようとした。政府もこれを後押しした。トラスト（企業合同）も進んだ。中小企業が苦しむ中、大資本の影響力は増していった。政治に向いていた社会的な不満は、政党との関係を深め、倒産とは縁遠いとみられていた財閥にも向けられてゆく。

世界恐慌のあおりを受けて、昭和六年九月、イギリスが金輸出を再禁止し金本位制から離脱した。もはや日本の金輸出再禁止も時間の問題と思われた。となれば、円が暴落しドル高となるのは必至である。それを見込んだ三井銀行などがドル買いに走った。現状でドルを買い貯めておき、金輸出再禁止で円が暴落した時に円を買い戻せば、莫大な利益を得ることができる。

財閥にすれば経済合理性に即した行動であっただろう。しかし塗炭の苦しみにある国民からの批判の的となり、財界人はテロの対象となった。昭和七年三月五日、三井財閥の総帥である三井合名会社理事長だった団琢磨が、東京日本橋の三井本館入り口で、やはり血盟団の菱沼五郎に狙撃されて死んだ。

安田善次郎暗殺事件以来、「財界人は金儲けしか考えてない。自己の金儲けのために国民を苦しめる。だから殺してもかまわない」という極論がテロを誘発してきた。こうした短絡的な発想は、資本主義そのものの否定にもつながる。資本を投下して企業活動をして利益を上げ、その利益を株主に配当していくメカニズムが不純であるというような考え方だ。そうした資本主義観は、前述の東條のように、とくに軍部に根強くあった。

中国侵略というビジネス

国家が軍に投資をし、軍は戦争に勝つことによって賠償金や権益をせしめる。政商は軍と密接な関係を保つことで、植民地でビジネスを拡大させる——日本は、政府、軍部、政商が一丸となって、「戦争資本主義」ともいうべきシステムを作り上げた。

その特異なシステムは、満州で野放図に拡大する。日露戦争で満州の特殊権益を手に入れた日本は、中国全土の侵略を企図しはじめた。

昭和六（一九三一）年九月十八日、奉天近郊の柳条湖で満鉄の線路が爆破された。関東軍は中国側の犯行だとして軍事行動を起こし、奉天や長春などの南満州の主要都市を占領した。若槻礼次郎内閣は不拡大の方針を明らかにしたが、関東軍はこれを無視して戦線を拡大させた。満州事変である。関東軍は満州で傀儡国家建設を目指し、清朝最後の皇帝だった溥儀《ふぎ》を担ぎ出した。翌昭和七年三月、溥儀を執政として満州国の建国が宣言された。

若槻に続く犬養毅内閣は満州国の承認に慎重だった。しかし同年の五・一五事件で犬養が暗殺され、後継の斎藤実内閣は満州国を承認してしまった。その後も軍は中国侵略を進め、華北に入り北京や天津に迫った。

中国侵略の影響で日本が国際連盟を脱退（昭和八年）し、国際的孤立を深める中、軍部の軍事費要求は膨らむ一方だった。犬養内閣に続いて斎藤実内閣でも蔵相を務めた高橋是清は赤字国債を積極的に発行し、軍事費の調達を図った。金融恐慌の際にも見せた、高橋の積極財政である。財閥も軍需関連産業への進出を進めた。

満州に進出した新興財閥

関東軍は満州の開発においては当初、「財閥入るべからず」という立場だった。実際、三井や三菱などの既存の財閥は、すぐには参入できなかった。

しかし関東軍だけで広大な植民地を経営することは不可能だった。こうした状況で満州や朝鮮に進出していったのが新興財閥である。とりわけ化学工業系の企業が目立ち、「朝鮮半島の事業王」と呼ばれた野口遵《したがう》が率いる日窒コンツェルン、昭和電工が中心の森コンツェルンなどが知られている。

日産コンツェルンを率いた鮎川義介は、昭和十二年に満州重工業開発会社を興し、満州で大きな影響力を持った。鮎川は満州の五人の実力者のうちの一人に数えられ、関東軍参謀長だった東條英機、満州国国務院総務長官の星野直樹、総務庁次長の岸信介、満鉄総裁の松岡洋右らとともに「弐キ参スケ」と呼ばれた。このうち岸は商工省出身、星野は大蔵省の官僚である。行政も軍の膨張主義に対応するかのように、台湾や朝鮮で植民地経営を実地で学んでいた。そのノウハウが満州国の経営に生かされた。

不況にあえぐ日本国内をよそに、日本の対満州投資は激増し、三井、三菱、住友、大倉、浅野などの既存財閥も次々と進出した。さらに戦争が続くと、財閥を含めた企業は軍の下請けのような存在になっていった。

資本主義より先に軍がある――それが帝国主義時代の日本の本質であった。昭和の敗戦によって軍はなくなったが、国家社会主義的な経済の地下水脈は「官僚主導経済」というかたちになって戦後も長く続いている。私たちは今もその地下水脈の上に暮らしているのである。

第5章　なぜ日本に民主主義は根付かなかったのか？

日本型民主主義とはなにか？

第２章（１０２ページ）で紹介したが、私が平成の天皇皇后両陛下との雑談の機会をいただいたとき、最も強く印象に残ったのは「日本にはどうして民主主義が根付かなかったのでしょうね」との発言だった。

　これまで本書で見てきたように、明治維新後の日本は天皇にすべての権限を集中させる絶対君主制をとってきた。天皇は国家の主権者であり、その存在は極端に神格化された。自由民権運動や社会主義運動など、民主主義につながる動きはことごとく弾圧され、社会の表層からは消えて地下水脈化してきた。その天皇陛下がこのような疑問を口にされるということに、私は強い衝撃を受けたのである。

　戦後、日本は民主主義国家となった。新たな憲法では主権者が天皇ではなく国民となり、普通選挙がおこなわれるようになり、戦争放棄がうたわれた。以来七十年以上、日本では民主主義にもとづく国家運営がなされてきた。

　ところが近年、「民主主義の危機」が指摘される。令和三（二〇二一）年秋、「日本の民主主義の危機」を訴えて自民党総裁の座を射止めたのが岸田文雄現首相だった。強権的な政治姿勢が目立っていた安倍晋三元首相、菅義偉前首相とは異なる姿をアピールしようとしたものだろう。

だが、そもそも「日本の民主主義」とは何なのか？——この根本的な問いに対する答えは、岸田首相の呼びかけからはまったく見えてこない。

戦後、占領期にGHQからもたらされた米国型デモクラシーを、日本人は「戦後民主主義」と呼んできた。米国型デモクラシーの本質は、法の平等の下での自由競争にある。勝者は徹底的に勝ち、敗者は徹底的に負ける。弱者救済のセーフティーネットは政府が用意するのではなく、勝者である富裕層が慈善事業として受け持ってきた。しかし、その歪みが現在のアメリカを蝕み、持てる者と持たざる者の階層に分断されている。市場原理にすべてを任せ、政府は極力介入しない新自由主義的なシステムが瓦解しているのだ。

今こそ、米国型デモクラシーだけが民主主義と思ってきた日本人が、発想を入れ替える好機である。

では日本型デモクラシーとは何か。そして、なぜ日本に民主主義は根付かなかったのか——その謎を考えてみたい。

昭和天皇が引用した「五箇条の御誓文」

日本の民主主義を考える糸口として、まずは「五箇条の御誓文」に注目してみたい。敗戦から五カ月後の昭和二十一（一九四六）年一月一日、官報の号外が出され、昭和天皇による「新日本建設に関する詔書」が掲載された。その冒頭には、「五箇条の御誓文」が引用されている。

一、広ク会議ヲ興シ万機公論ニ決スヘシ
一、上下心ヲ一ニシテ盛ニ経綸《けいりん》ヲ行フヘシ
一、官武一途庶民ニ至ル迄各其志ヲ遂ケ人心ヲシテ倦マサラシメンコトヲ要ス
一、旧来ノ陋習《ろうしゅう》ヲ破リ天地ノ公道ニ基クヘシ
一、智識ヲ世界ニ求メ大ニ皇基ヲ振起スヘシ

「五箇条の御誓文」は明治元（一八六八）年三月十四日、明治天皇が天地神明に誓約する形で臣下の者たちに示した、新政府の基本方針である。福井藩出身の由利公正が叩き台を作り、土佐藩出身の福岡孝弟《たかちか》、長州藩出身の木戸孝允らが加筆修正したうえで、岩倉具視に提出された。

背景には、開国による欧米列強からの文化、思想の流入があった。薩長が中心となって幕府の鎖国体制を倒し、さてこれから新しい日本をどう建設してゆくかという時、当時は日本の為政者の間でも目指すべき国家像が固まっていなかった。日本の国家指導者には、このままでは西欧の文化や思想に呑み込まれてしまうとの恐怖があった。そこで「わが国にも伝統的な思想がある」と内外に宣言するための理論的支柱として、五箇条の御誓文が出されたのである。

そして昭和天皇は、これを新日本建設の趣旨とすべきであると述べる。

「叡旨公明正大、また何をか加へん。朕はここに誓いを新たにして、国運を開かんと欲す。すべからくこの御趣旨に則り、旧来の陋習を去り、民意を暢達《ちょうたつ》し、官民挙げて平和主義に徹し、教養豊かに文化を築き、以て民生の向上をはかり、新日本を建設すべし（以下略）」

なぜ明治維新から七十八年後、五箇条の御誓文が突如として〝復活〟したのか？

日本型民主主義の原点は聖徳太子「十七条憲法」

その謎を解くカギは、五箇条の御誓文に記された思想のルーツを探ることで見えてくる。

私は、五箇条の御誓文のたたき台は、聖徳太子が推古天皇十二（六〇四）年に制定した「十七条憲法」であったと考える。

たとえば御誓文の第一条「万機公論に決すべし」という考え方は、十七条憲法の第一条に通じるものがある。

「以和為貴、無忤為宗。人皆有党。亦少達者。是以、或不順君父。乍違于隣里。然上和下睦、諧於論事、則事理自通。何事不成」

この「和を以て貴しとなし……」の導入部は、誰しも一度は聞いたことがあるだろう。「和を尊重して争わないようにすること。人は考えが異なることもあるが、物事をしっかりと議論すれば道理に適うようになり、何事も成し遂げられる」との教えである。

幕府との長い政争、さらには尊王攘夷派との武力闘争による混乱から誕生した新政府には、いわば国家の背骨となる理念を早急に形成する必要があった。そこで、日本の伝統的な思想文化の中から素材を探すうちに、日本初の成文法である十七条憲法にたどり着いた。暴力革命で権力を奪った新政府の面々にとって、「武力で争わない」「議論で物事を解決する」という方針は、きわめて重い意味があった。

自由民権運動に与えた影響

五箇条の御誓文は、日本型の民主主義のあり方を示した理念として、優れたものであった。議論によって国の方針を決めるべしとしたこの理念は、のちの思想家たちに大きな影響を与えた。実際、五箇条の御誓文から十年を経ずして、中江兆民や板垣退助らによって自由民権運動が勃興する。個人の自由と権利を希求する自由民権運動は、ジャン＝ジャック・ルソーをはじめとするフランスの共和思想の影響を受けたことがよく知られているが、五箇条の御誓文の理想も確実に流れ込んでいる。

明治七（一八七四）年、板垣退助は「民撰議院設立の建白書」を政府に提出し、選挙によって選ばれた政治家による国政の実現を訴えた。明治十三年には自由民権運動の各地の代表が国会期成同盟を結成し、署名を集めて政府に対して国会開設を要求した。これはまさに「万機公論に決すべし」の考え方から出たものである。

翌明治十四年、国会開設の勅諭が発せられ、明治二十二年二月十一日、大日本帝国憲法が発布され、国会が衆議院と貴族院の二院からなることが決まった。同時に、衆議院議員を選出するための法律である衆議院議員選挙法が公布された。さらに翌明治二十三年十一月二十五日、帝国議会が召集された。明治維新以来、自由民権運動が目指してきた悲願がようやく実現したのである。

その後、自由民権運動の系譜は、のちに社会主義運動や吉野作造の民本主義などに受け継がれてゆく。さらには大正デモクラシー、普通選挙運動などにも、五箇条の御誓文の理念をみることができる。こうしてみると、五箇条の御誓文の思想そのものが、近代史の中で地下水脈化していたと言っていい。

天皇と国民の間の回路がふさがれる

ところが時代が下るにつれ、五箇条の御誓文の地下水脈は抑圧されるようになる。とりわけ薩摩藩や長州藩出身の政府高官たちは、自由民権派の動きを警戒していた。もし、軍に自由民権思想が流れ込めば、新政府に反旗を翻すだろう。そうなれば、暴力革命によって得た権力は、いとも簡単に奪われてしまう——。

危機感に駆られた彼らは、明治十五（一八八二）年、軍人勅諭（陸海軍軍人に賜はりたる勅諭）をすべての軍人に向けて下した。

軍人勅諭は、軍を天皇直属のものとすることを徹底させるために、陸軍卿の山縣有朋が作った訓戒である。この冒頭では『古事記』『日本書紀』を用いて神武天皇による建国を持ち出し、天皇は優れた武人であると印象づけている。そこでは軍人が自らの命を捧げる存在としての天皇を、極端なまでに神格化している（第2章65ページ参照）。

軍人勅諭の登場により、天皇と国民の間に軍部が介在し、神格化された天皇像を一方的に国民に押しつける構図が生まれた。軍部は軍人勅諭という教典によって、現実の天皇と国民との間にあった回路をふさぐ形となった。国民は、軍人勅諭に書かれた「神話の世界の天皇」というイメージしか持てなくなる。その目的は、「統帥権」の独立を盾に、軍部が政治への介入や戦争そのものを独善的に行うことにあった。

さらに明治二十三年十月には「教育ニ関スル勅語」（教育勅語）が発せられた。教育勅語には、国民を「臣民」へと教育するための訓戒としての意味が込められている。とりわけ注目すべきは、以下の一節である。

「一旦緩急アレハ義勇公ニ奉シ以テ天壌無窮ノ皇運ヲ扶翼スヘシ是《かく》ノ如キハ独リ朕カ忠良ノ臣民タルノミナラス又以テ爾祖先ノ遺風ヲ顕彰スルニ足ラン」

臣民一人ひとりが天皇のために徹底的に奉仕し、献身することを命じている。

この価値観は、昭和の敗戦までの五十五年間、日本人の道徳を支配した。

昭和十年代の戦前の小学校、中学校では、学校の行事の時に必ず式場で校長によって教育勅語が奉読されてきた。児童生徒は直立不動で校長の奉読を聞いた。小学校中学年になると、修身の教科書の最初は教育勅語であった。生徒は全文を暗唱させられ、帳面に書き取りをするよう命じられた。

黒田清隆の脅え

特筆すべきは、大日本帝国憲法施行と帝国議会開設よりも先に、軍人勅諭と教育勅語が発表されていることである。当時は議会開設を前に、各地方で自由民権派の流れを汲む政治結社が続々と結成された。もし議会が開設されれば、これらの政党が国政に参入してくることは確実だった。そうなれば、藩閥政治の高官たちの特権的地位が脅かされると考えたのである。そこで、国家の根本原理を整えるよりも先に、軍を絶対的に天皇に従属させ、子供たちを臣民として教育するシステムの整備を急いだのである。

いかに藩閥政治の高官たちが自由民権運動を恐れていたかを示すエピソードがある。

憲法発布翌日の明治二十二（一八八九）年二月十二日、第二代首相の黒田清隆が東京・鹿鳴館で地方長官に対して演説をした。そこで黒田は、大日本帝国憲法は欽定憲法（君主である明治天皇が定めた憲法）であり、「臣民」は口出しすべきものではないと指摘。さらに、行政は憲法に準拠して進路を定め、天皇に従うのが当然としたうえで、こう述べた。

「唯た施政上の意見は人々其所説を異にし、其合同する者相投して団結をなし、所謂政党なる者の社会に存立するは亦情勢の免れさる所なり、然れとも政府は常に一定の方向を取り、超然として政党の外に立ち、至公至正の道に居らさる可らす、各員宜く意を此に留め、不偏不党の心を以て人民に臨み、撫《ぶ》馭《ぎょ》宜きを得、以て国家隆盛の治を助けんことを勉むへきなり」

――政治上の意見はさまざまで、各説に同意する者が集まって政党がある。それは社会の流れの中で避けられないことだ。しかし、政府は政党の意向に左右されることなく、不偏不党の立場から国を隆盛させる政策を遂行しなければならない――との内容だ。

憲政史上、この黒田の演説は「超然主義」として知られるが、自由民権派に対する黒田の脅えが透けて見えるようだ。

御雇外国人たちの提案を拒否

しかしながら、帝国議会の権限はかなり限定的だった。主権者はあくまで天皇であり、大日本帝国憲法十一条が定める統帥権を筆頭として、さまざまな大権を持っていた。議会の役目は天皇を手助けすることに限定され、宣戦や講和、条約締結、首相の任命など、きわめて重要な政治事項はすべて議会の権限外だったのである。

また国民が選挙に参加できるのは衆議院だけであった。貴族院は皇族や華族、多額納税者などからなっており、一般の国民が参加することはできなかった。しかも貴族院は衆議院とほぼ同じ権限を持っていた。

だが、限定的とはいえ、国民に選ばれた議員で構成される衆議院が誕生し、少なくとも年一回は帝国議会が開かれることになった意義は大きかった。政府は国の運営の根本となる予算案を、議会の議決なしに確定させることはできなくなった。

今日から見たら大日本帝国憲法は多分に保守的に映るのだが、日本が国づくりの参考にしたドイツの法学者から見たら、当時としては急進的だった。たとえば外務省の御雇外国人顧問だったヘルマン・ロエスレルは、政府が提案した予算案が議会で否決された場合、天皇の裁断によって政府が予算を執行できるように憲法で定めていくことを提案した。また同じく御雇外国人顧問だったアルベルト・モッセも、議会に予算議定権を与えることに反対していた。

だが、憲法草案の作成に関わった伊藤博文や井上毅《こわし》などはこうした提案を拒否した。ただ、憲法第七十一条では「議会が予算案に同意せずに予算が成立しなかった場合、政府は前年度と同じ予算を施行することができる」と定め、抜け道を作っておいた。

しかしながら、これから成長していこうとする国家にとって、「前年度並み」の予算は実質的にはマイナス成長に近い。政府は「富国強兵」「産業立国」を実現するために、軍事費や新規事業への投資、増税などを進めなければならなかった。それには議会での議決が必要となる。となれば、議会に進出した政党勢力を軽視するわけにはいかない。

そうした力をテコに、政党は藩閥政治に斬り込んでいった。

いきなり過半数割れした「吏党」

さて、話は前後するが、明治二十三（一八九〇）年七月一日におこなわれた第一回衆議院選挙の詳細を見てみたい。

議員定数は三百で、小選挙区を基本として全国に選挙区が設定された。今も昔も、選挙区の区割りは政党・政治家にとっては死活的な問題だ。個人の当落に直接関わってくるし、政党としての組織の影響力も大きく左右されるからだ。

選挙区の割り振りは、まず四十五府県（北海道、沖縄県を除く）の人口に基づいて、各府県の定数が決められた。さらに「一選挙区あたりの人口を十二万人」とし、小選挙区の区割りを決めていった。たとえば東京は十二の小選挙区に分けられた。

小選挙区となったのは、当時はまだ幕藩体制時代の影響が残っていたからだ。廃藩置県で複数の藩がひとつの県となったが、同じ県でも元々の藩が違えば国柄も違う。それぞれが独自の慣行や価値観を持っていたため、地域同士の利害が対立することもある。これを無理に融合させるよりは、風習や利害関係がさほど異ならない地域を一つの選挙区とするのが妥当と判断されたのだ。

一つの郡では十二万人に達しない場合は複数の郡を一区とした。それが十八万人を超える場合、例外として定数二となった。この結果、全国が二百五十七選挙区に分けられ、うち四十三区が二人区となった。第一回総選挙は、このように変則的な小選挙区制で行われた。

当時は納税額によって選挙権の有無が決まる制限選挙であった。第一回選挙の選挙権は、地租（土地に対して課せられる租税）など直接国税十五円以上を納めた者、しかも満二十五歳以上の男性に限られていた。また、被選挙権は三十歳以上の男性に限られていた。この条件に見合うのは土地資産を持つ者が多く、おおむね二〜三ヘクタール以上の田畑を所有する地主・豪農や、商工業などで多額の納税をする一部の国民に限られた。「恒産なければ恒心なし」とされたのである。また、たとえ高額納税者でも、女性には参政権がなかった。有権者は四十五万人、全人口四千万人の一・一％、つまり百人に一人強でしかなかった。

四十二万二千七百二十九人が投票し、投票率は約九四％に達した。以来百三十年以上が過ぎた今日までで、これが最も高い投票率である。

ただ、選挙人（有権者）数が少ないため、当選者の得票数は今日からみると驚くほど少ない。たとえば東京三区では選挙人は三百十一人しかいなかった。自由民権派の流れを汲む弁護士の風間信吉が当選したが、得票数はわずか五十六票。その他の選挙区も、当選者の得票数は五十八～五百三十二票であった。選挙人数が最も少なかったのは島根六区で、五十一人。当選した神職の吉岡倭《し》文《ず》麿《まろ》はたった二十三票で代議士となった。逆に選挙人数が最も多かったのは三重二区で四千五百人。「一票の格差」という概念がない時代とはいえ、いびつな選挙制度であった。

もう一つの大きな違いは、記名選挙であったことだ。投票用紙に自分の名前と住所を書き、印鑑まで押さなければならなかった。これでは誰が誰に投票したかが分かってしまう。

近代選挙の原則の一つである「秘密投票」ではなく、金権選挙など不正の温床になりかねない制度であった。これが憲政史に悪名高く残る、第二回衆議院選挙における政府による選挙干渉の導火線となった。

全体の結果をみれば、定員三百人中、立憲自由党が百三十人、立憲改進党が四十一人、計百七十一議席が自由民権派の流れを汲む「民党」で、政府と対立する立場であった。政府を支持する「吏党」はというと、大成会が七十九人、国民自由党が五人、また無所属は四十五人のほとんどが吏党で、計百二十九議席となった。過半数割れである。

予算の通過が困難に

その選挙結果を受けて、明治二十三（一八九〇）年十一月二十九日、第一回帝国議会が開会された。時の首相は長州閥の総帥、山縣有朋である。また、同じ長州からは伊藤博文が枢密院議長として並んでいた。両者は黒田と同じ「超然主義」の方針を明言していた。議会多数派である民党との激突は必至であった。

このときの施政方針演説で、山縣は「主権線」「利益線」という言葉を持ち出し、軍備増強の必要性を訴えた。詳しくは本書第1章（29ページ）で紹介したが、山縣は「巨大の金額を割いて、陸海軍の経費に充つる」ことが必要だと力説した。

対する民党は「民力休養・政費節減」をスローガンとし、山縣の主張には与《くみ》しなかった。

明治二十三年は前年に続く凶作であった。さらに明治十四年に始まった、松方正義大蔵卿を中心としたデフレ政策（松方財政）の影響による不況が長引いたこともあり、農村経済は疲弊していた。商工業も恐慌に苦しみ、都市部では貧困問題が顕在化しつつあった。

過半数に届かない吏党は不利な状況にあったが、結局、政府の予算案（一般会計歳出額）は、総額八千三百三十二万円のうち六百三十一万円を削減することで通過した。立憲自由党の土佐派二十八人（竹内綱、林有造、植木枝盛ら）が、政府の妥協案に応じたためだ。同じ土佐出身の中江兆民はこの妥協に怒り、国会を「無血虫の陳列場」と言い捨てて議員を辞職した。

政府は最初の議会を何とか切り抜けたものの、議会の予算審議権と議定権が政府の施策に大きな影響を及ぼすことが早くも証明された。対立は第二議会でも続いた。松方正義内閣は軍備拡張などを盛り込んだ予算案を提出したが、民党は再び激しく反対した。第一議会と異なり、政府の切り崩しにも応じなかった。

薩長至上主義を丸出し

思うように軍拡の予算が確保できない政府は苛立った。明治二十四（一八九一）年十二月二十二日、樺山資紀海軍大臣の演説にそれがみられる。

樺山は軍艦建造費削減を要求する民党に対して、台湾出兵や西南戦争などでの海軍の活躍を「四千万（当時の人口）の人民も其位の事は御記憶であるだろう」と指摘し、こう述べた。

「現政府は此の如く内外国家多難の艱難を切抜けて、今日迄来た政府である、薩長政府とか何政府とか言っても今日国の此安寧を保ち、四千万の生霊に関係せず、安全を保ったと云うことは、誰の功力である」

つまり、「今日、日本人が安寧に暮らしているのは薩長政府のおかげではないか」との言い分である。

樺山の薩長至上主義丸出しの演説は、民党の薩長閥に対する積年の憤りに拍車をかけた。「帝国議会衆議院議事速記録」によれば、樺山の論に対して議場で笑い声が起きた。樺山は「御笑に成る様の事ではございますまい」と反論したという。その後、議場は大混乱となり、松方は初めての衆議院解散に打って出た。最初の総選挙からたった一年半しか過ぎていなかった。

政党政治のはじまり

政府は議会政治の安定を求めていた。だが、そのために政府が選んだ方法は、憲政史上最悪とされる選挙への介入であった。

選挙を所管する内務省の大臣は、長州閥の品川弥二郎である。品川の指揮の下、地方官は民党候補者の選挙活動をあからさまに妨害した。前述の通り、選挙人の住所氏名も前回の衆院選で誰に入れたのかも行政側は分かっている。警官が選挙人の家を訪ね、吏党の候補者に投票するよう脅すこともあった。民党側の抵抗も激しかった。自由民権運動発祥の地である土佐ではことに激烈で、吏党側と衝突した。全国で死者は二十五人、負傷者が三百八十八人に上った。

第二回衆議院選挙の投票は明治二十五（一八九二）年二月十五日におこなわれた。政府の激しい選挙干渉にもかかわらず、民党は自由党が九十四、立憲改進党が三十八議席の計百三十二議席を獲得。これに対して吏党ははるかに及ばず、今回もまた民党の勝利に終わった。

選挙後の議会で松方内閣は選挙干渉の責任を厳しく追及された。政府内部からも強い批判があり、結局、松方内閣は総辞職に追い込まれた。

明治の初期議会は、期待された機能を果たしていなかった。土佐藩出身で明治天皇の信任が厚かった佐々木高行によれば、天皇は議会の混乱を見て「議会の開設が早すぎたのではないか」と危惧していたとされる。

藩閥政府側も、もはや超然主義では持たないことを思い知らされた。伊藤は自ら政党結成に動き、明治三十三年に立憲政友会を立ち上げた。政友会を基盤とした第四次伊藤内閣が発足した。これに対し、山縣は自分の息のかかった官僚や貴族院議員を操縦して政友会に対抗した。それでも政友会は明治三十五年の第七回衆院選（定数三百七十六）で百九十人が当選、過半数を獲得した。

このとき、政党政治が日本に着実に根を下ろし始めたのだ。

「憲政の常道」の成立

その後、普通選挙（普選）の導入を巡る争いが政治の焦点となる。背景には、第一次世界大戦終結後に各国で進んでいた民主化の流れと、政治的意識を高めてきた都市部の住民が増加し、「市民的権利」を要求するようになったことがある。

大正デモクラシーの理論的支柱であった吉野作造が「民本主義」を提唱したのもこのころだ。デモクラシーの訳語で、今日では「民主主義」と訳されるが、このままでは天皇主権の大日本帝国にはなじまない。そこで吉野は天皇の問題は棚上げにして、政治の目的は民衆の福利実現であり政策決定は民衆の意向に基づくとの主張を展開した。さらに民衆が直接選ぶことのできない官僚や軍部、貴族院などの勢力を批判し、有権者が選んだ議会中心の政治運営を訴え、そのための普通選挙の実現を主張したのだ。

議会政治の進展の中で、政党は着実に力を強めていった。大正七（一九一八）年、初の本格的政党内閣である原敬内閣が成立した。原は藩閥政府に終止符を打ち、民意を代表した政党政治の筋道を切り開いた一人である。だが、原が率いる与党政友会は普選の実現に慎重だった。原自身もまだ早いと考えていた。

しかし大正十三年の総選挙で加藤高明総裁率いる憲政会が第一党となり、政友会も普選賛成に転じた。翌大正十四年、加藤内閣のもとで普通選挙法が成立し、納税額による選挙権の制限は撤廃された。いずれも男性で満二十五歳以上に衆議院議員の選挙権が、三十歳以上に被選挙権が認められた。依然として女性には参政権がなかったが、それでも選挙人数は三百六万人（全人口の五・五％）から千二百四十万人（同二一・八％）と四倍以上となった。

大正十五年に加藤が議会内で倒れてそのまま亡くなった後、憲政会の若槻礼次郎が首相に就いた。憲政会は後に立憲民政党となり、政友会との二大政党体制が整った。若槻の後は政友会の田中義一内閣となったが、田中が関東軍による張作霖爆殺事件（昭和三年）の扱いを巡って昭和天皇の怒りを買い退陣すると、民政党の浜口雄幸が首相となった。このように政権与党はめまぐるしく替わったが、二大政党制で第一党が政権を担当する「憲政の常道」が守られていた。

五・一五事件の異様な法廷

しかし、その時代は長くは続かなかった。

有権者が増えたことで、政党はより多くの利益を代表しなければならなくなった。また、選挙資金もかかるため、政党は財界との結びつきを強め、財閥などから多額の資金提供を受けた。利権を巡り、汚職事件も相次いだ。皮肉なことに、藩閥政府の腐敗を批判してきた政党政治に対して、「金権政治」という批判が高まっていった。

しかも、昭和四（一九二九）年の世界恐慌の波が日本を襲い、大不況のあおりを受けて大量倒産時代がやってきた。詳しくは第4章（183ページ）で紹介したが、都市部では大不況が、農村では記録的な冷害が人々の生活を直撃したのである。国民の不満は、政党政治に向けられた。

そして、政党政治への不満を巧みに利用したのが軍部であった。

昭和七年五月十五日、井上日召《にっしょう》の指導する「血盟団」の影響を受けた陸海軍の急進派青年将校らが首相官邸、政友会本部、日本銀行などを急襲し、政友会総裁の犬養毅首相らが殺された。いわゆる五・一五事件である。

「憲政の神様」とされてきた犬養は、「話して聞かせる」態度をもって海軍青年将校らを宥《なだ》めようとした。それに対し、押し入った青年将校らは「問答無用」と射殺した。五箇条の御誓文にある「万機公論に決すべし」の精神は踏みにじられたのである。

その後、テロ実行犯らは逮捕されたが、彼らを裁く軍法会議は奇妙な経過をたどる。

本来なら、テロ事件の被告は厳しく断罪されるべきである。しかし五・一五事件を裁く陸海軍の軍法会議の法廷では、意外な現象が見られた。被告たちが「自分たちは名も命も求めない、日本改造の捨て石になるために行動を起こした」と一斉に涙ながらに証言したところ、テロに対する共感が広がったのである。法廷にはすすり泣きの声が漏れ、裁判官も検事役の軍人も泣いた。新聞記者は「こんな感激に満ちた公判に立ち会ったことはない」と称揚した。すると世間に同情の輪が広がり、陸海軍の軍法会議あわせて百万件以上の減刑嘆願が当局に寄せられたのである。なかには小指を切って法廷に送りつけてくる者もいた。

主謀者に下された判決は、禁錮十年〜十五年という、一国の首相を殺害したテロ実行犯に下されるにはあまりにも軽いものだった。しかも、のちに皇紀二六〇〇年（昭和十五年）の恩赦などにより、いずれの被告も釈放されている。

それは、政党に対する大衆の不満の表れともいえた。日本社会は「動機が正しければ何をやっても許される」という異様な論に支配されてゆく。そして、「さまざまな利害が渦巻く議会政治よりも、純粋な使命で動く軍部による独裁のほうがマシ」という極論に傾いていく。まさにファシズムの到来であった。

ここで現在の日本人が自省すべきは、現在の日本の政治状況に当時と酷似した点がないかどうか、という点である。強力な「トップダウン」を求める一方で、そのトップが誤った時に軌道修正できる方策を持っているのか……私たちは歴史に学ばなければならない。

軍人が政治家を「黙れ」と一喝

さて、犬養亡き後、憲政の常道から言えば、政友会の中から後任が選ばれるところだ。しかし首相を推す立場にあった元老の西園寺公望は軍部への配慮からか、海軍長老の斎藤実を選んだ。憲政の常道は、わずか八年で終わった。

日本人は、明治維新以来、大きな犠牲を払って勝ち得た議会政治という宝物を、ごく短期間で手放してしまったのである。

立憲政治が正常に機能するには、行政と立法府、すなわち国会が建設的な対立関係にあることが必要だ。だが、昭和初期の議会はそうではなかった。軍部が権力を握っていくのだが、軍人はそもそも議会で議論し、その中で政策を練り上げていくという発想そのものがない。批判されることを単なる侮辱としか受けとめなかった。

その典型が昭和十三（一九三八）年に起きた「黙れ」事件だ。国家総動員法案を審議する衆議院の委員会で、陸軍中佐の佐藤賢了が委員の批判や野次に対して「黙れ」と怒鳴ったのだ。佐藤は閣僚ではなく、政府側の説明員に過ぎない。今日の国会で、官僚が国会議員に同じことを言うのに等しい暴挙であった。ところが佐藤に処分はなく、それどころか東條英機の側近として軍務課長、軍務局長などの重職を歴任していく。

「黙れ」事件のころは、まだしも議会には軍部に対抗する動きがあった。しかし軍部が権力を掌握し発言権が増していく中で、政党はその権力にすり寄っていくかたちとなった。

日中戦争の最中の昭和十五年二月、民政党の斎藤隆夫は衆議院本会議で代表質問に立ち、日中戦争処理について、「ただいたずらに聖戦の美名に隠れ、国民的犠牲を閑却（注・なおざりにすること）」などと、一時間半に渡り政府の姿勢と軍部を痛烈に批判した。当時としては異例の反軍演説である。

陸軍は激怒した。斎藤は懲罰委員会に付され、議員辞職勧告を受けたが拒否した。だが結局、同年三月七日の本会議で斎藤の除名処分が決まった。政党が軍部の意向をくみ、斎藤を議会から追放してしまったのだ。まさに議会政治の自殺行為だった。

政党の自滅は、斎藤の反戦演説から八カ月後に決定的となった。同年七月に二度目の首相に就任した近衛文麿は、挙国一致の政治体制をめざす「新体制運動」を開始した。近衛は軍部を抑制すべく、政党などの力を結集した組織を作ろうとした。これを受けて、政友会や民政党など既成政党は雪崩を打つように解党し、同年十月に「大政翼賛会」に参加したのである。

しかし大政翼賛会は軍部を抑制する組織にはならず、内務省の管轄する行政補助組織となった。かつて自由民権派たちが命をかけて勝ち得た帝国議会は、政府の御用機関となり下がった。また代議士は、内務省の補助員的な地位になってしまったのだ。

近衛は結果として、政党政治の息の根を止めてしまった。しかも外交では南部仏印進駐などによって対米関係を悪化させた。対米関係を好転させるには中国からの撤兵が不可欠だが、撤兵に頑として応じない陸軍との板ばさみになり、翌昭和十六年、近衛は政権を投げ出した。

「皇紀二六〇〇年」という転回点

近衛が「新体制運動」を開始した昭和十五（一九四〇）年という年は、きわめて重要である。政治・軍事・外交・社会における重大な転回点であり、日本におけるファシズム体制が確立した年である。加えてこの年は「皇紀二六〇〇年」でもあり、皇国史観の臣道実践が日本社会のあらゆる分野にみられた年でもある。

年表を振り返れば、以下のような出来事があった。

二月　立憲民政党の斎藤隆夫が衆議院で軍部の日中戦争政策を批判。三月に衆院から除名される。

七月　大本営政府連絡会議が「世界情勢の推移に伴う時局処理要綱」を決定。対英米戦争を想定した南進政策を公のものとする。また七月以降、社会大衆党、立憲政友会、民政党など、政党が次々に解体（のちに大政翼賛会に吸収）。

九月　日独伊三国同盟が締結。

十月　大政翼賛会が成立（総裁は近衛文麿）。

十一月　皇紀二六〇〇年の祝典が五日間にわたって盛大に行われる。

祝賀ムードが盛り上がる一方で、政党はその機能を停止して行ったことがわかる。「国家危急のとき、議会で悠長に議論などしている場合ではない。天皇への帰一の下、一致団結して国を動かすべき」という流れが生まれ、異論を唱える政治家は排除され、翼賛体制が固められていく。そして翌昭和十六年十二月には対米英戦争へと突入してゆくのである。

攘夷の地下水脈が噴出

さて、昭和十五（一九四〇）年を振り返って奇異に思われるのは、突如として「皇紀二六〇〇年」という年号が浮上したように見える点だ。

ここからいったん時代をさかのぼって検証してみよう。

日本は古来「元禄」「安政」といった元号を使用し、ある年を基準として紀元をあらわすことはしていなかった。しかし維新後、政府は西欧にならい、神武天皇即位の年を皇紀元年とすることとした。もっとも、一般にはほとんど普及しなかった。国粋主義団体・玄洋社の設立宣言では用いられたが、それはむしろ例外だった。

それがなぜ、昭和十五年に国家を挙げての祝祭が行われるほどの盛り上がりを見せたのか。その背景を読み解くカギとなるのが、本書でたびたび触れてきた「攘夷」の地下水脈である。

幕末から維新にかけて、薩摩藩や長州藩などを中心に、尊王攘夷の思想が盛り上がりを見せた。幕府ではなく天皇を敬って国の中心とし、かつ外国勢力を討つという思想であるが、幕府が倒れて開国し、新政府が発足する過程で、尊王攘夷を唱えた者たちはむしろ開国を進めた新政府の要職へと吸収されていった。

だが、攘夷のエネルギーは地下水脈化し、山裾から地下水が湧き出るように、噴出口を求めて地下を流れていたのである。

とはいえ、攘夷の地下水脈が昭和十五年にいきなり噴出したというわけではない。「五・一五事件」や国際連盟脱退などのあった昭和七〜八（一九三二〜三三）年頃から徐々に噴出が始まり、皇紀二六〇〇年というタイミングでピークに達したというのが私の考えである。昭和八年には国定教科書の全面改訂も行われ、「神国日本」が前面に打ち出され、教育の主軸になっていく。しかも軍部が教科書の執筆に参加するようになった。

小学校低学年で「テンノウヘイカ　ハ、ワガ　大日本テイコクヲ　オヲサメ　ニ　ナル、タットイ　オンカタ　デ　アラセラレマス」と教えられ、ひたすら臣民として尽くすよう叩き込まれるようになった。日本人の既存の言論や思想は、攘夷の水脈の噴出とともに徐々に崩壊し、そして戦争へと突き進むのだ。日本型ファシズムが西欧のそれと決定的に違うのは、この点である。

神話を国家のルーツに制定

「皇紀」が制定された経緯を、詳しく見ておきたい。

岩倉使節団が国を留守にしていた明治五（一八七二）年十一月十五日、西郷隆盛や大隈重信らが首脳だった留守政府は太政官布告第三四二号で「神武天皇即位を紀元と定める」とした。紀元とは、歴史上の年数を数える場合の基準であるが、現代社会で世界的に使われているのは、キリストの誕生を元年とする西暦である。これに対して日本政府は、神武天皇が即位したとされる西暦紀元前六六〇年を独自の紀元（皇紀）とした。太政官布告とは明治初期、政府が公布した法令である。

『古事記』『日本書紀』（記紀）は、高天原から南九州の日向に降《くだ》った瓊《に》瓊杵尊《にぎのみこと》の曾孫が神武天皇で、四十五歳の時に日向を出発して東進し、大和（現・奈良県）の平定に成功（神武東遷）し、大和・橿原宮《かしはらのみや》で初代の天皇の位に就いたとされる。古事記によれば百三十七歳、日本書紀では百二十七歳で没したとされる。

現代の歴史学では、神武天皇はあくまで神話の世界の存在でしかないとのコンセンサスがある。また維新当時でも、記紀が伝えるような神武天皇は実在しなかったとの見方があった。しかし、明治政府はあえて神話の世界を国の紀元としたのである。

明治政府は「富国強兵」をスローガンとした。経済活動を活発にして国を豊かにし、軍備を整える、ということだ。第4章で指摘したように、日本は欧米のような成熟した資本主義ではなく、軍事と経済が一体化した国家社会主義的体制ではあったが、目指すところは欧米型帝国主義であった。もともとは尊王攘夷を掲げて倒幕に動いたはずの明治政府高官たちにとって、これはリアリズムに徹した政策の選択だった。

しかし、志士たちは尊王攘夷の思想を自己の中で止揚することなく、目先の利害だけで開国したことで、その思想は未消化のまま残っていた。新政府は欧米をモデルとした新しい国づくりをしながらも、日本独自の価値観と歴史観を求めており、かつて自分たちが拠り所とした尊王攘夷に再び目を向けた。そのひとつの現れが、皇紀の制定だったとみることができる。諸外国を見て見聞を広めていた岩倉使節団ではなく、国内に留まった留守政府から生まれてきたという点からも、その心理的背景が窺える。

攘夷の地下水脈は、明治十五年の「軍人勅諭」にも流れ込んだ。さらに明治二十三年に施行された大日本帝国憲法は、第一条で「大日本帝国ハ万世一系ノ天皇之ヲ統治ス」と定めている。神武の血統に連なる天皇が国を統治するとの宣言だ。記紀の記述も「万世一系」も、史実として立証可能なものではない。だが、明治政府は欧米型帝国主義の近代国家を目指しながら、日本国のルーツを神話の世界に求めたのである。

こうして地下水脈化した攘夷の思想が、のちに噴出することになるのである。

日本人差別への憤り

庶民の日々の生活に皇紀は浸透せず、使われることは稀だった。日本は日清戦争、日露戦争に勝ち世界の強国として存在感を強めていく中で、政治、経済、文化における海外との交流が増え、庶民の生活水準も欧米の影響を受けて向上した。攘夷の地下水脈も鳴りを潜めていた。

だが、大正三（一九一四）年に勃発した第一次世界大戦は、そこに微妙な変化をもたらした。

日本は日英同盟を建前として連合国の一員として参戦。大正七年、連合国の勝利で終わり、日本は戦勝国となった。第一次大戦の動員総兵力は各国合わせて約六千五百万人、戦死者は千八百万人に及び、当時では人類史上最大の戦争であった。

この戦争の後始末として、大正八年一月からパリ平和会議が開かれた。日本からは西園寺公望を首席全権とする代表団が派遣された。日本はここで念願の「一等国」の仲間入りを果たしたとも言える。会議では国際連盟設立の準備が話し合われた。世界大戦を防ぐことを目的とした国際機構であり、ウィルソン米大統領の提唱が基となったものだ。

しかし、この頃の日本には反欧米を訴える論文を書く者も出始めていた。その代表が、当時貴族院議員であった近衛文麿である。後に首相となる近衛は「英米本位の平和主義を排す」という論考を大正七年、雑誌『日本及日本人』（同年十二月号）に発表していた。

近衛はこの論文のなかで、第一次大戦後の国際秩序は英米の国家利益に基づいて形成されている、と指摘する。両国は「経済的帝国主義」を進めて、「経済的世界統一者」たらんとしている、と批判したのだ。もっとも、いつの時代も国際社会での大国の振る舞いは「自国ファースト」である。国益がまず優先で、世界全体の秩序や他国の利益は二の次だ。それは日本も変わりない。

だが、近衛がことさらに不満を示した背景には、日本人に対する人種差別があった。幕末に開国したものの、当時の日本の国内市場は小さく、農耕地も狭く、慢性的に労働力が余っていた。こうしたことから、政府は海外への移民に力を入れ、北米などへの移民を国策として進めた。しかし安い賃金で働く日本人移民は、アメリカやカナダの人々の雇用を脅かすとみられ、現地では日本人移民の排斥運動が高まっていった。

これを受けて、パリ平和会議の場で日本全権団は思い切った提案をした。人種や国籍による差別をしてはならない、とする人種差別禁止条項を国際連盟規約に盛り込むという提案である。

だが、アメリカはこれに強く反発し、「人種差別問題は自国内の問題であり、日本の提案は内政干渉」と主張した。イギリスも反対した。

日本全権団はそれでもあきらめず、人種差別撤廃の理念を連盟規約の前文に入れるべく提案し、国際連盟規約委員会で十六カ国のうち十一カ国の賛成を得た。だが、米英の反対も執拗であった。重要事項は満場一致が原則であったため、日本が提案した人種差別禁止は不採択となった。

パリ平和会議を経て、大正九年には国際連盟が発足した。戦勝国と中立国の計四十二カ国が加盟した。設立を提唱した当のアメリカは国内で孤立主義（モンロー主義）が支配的だったことで不参加となったが、日本はイギリス、フランス、イタリアとともに常任理事国となった。

日本は念願の「一等国」になったにせよ、いわば〝名誉白人〟としての権利を国際社会で得たに過ぎなかった。欧米列強はまだ日本を見下していた。この憤りは、幕末以来、地下水脈化していた攘夷の思想と感情を刺激した。

共産主義への恐怖

もう一つ、大正デモクラシー期に日本で広まったマルクス主義も、攘夷の地下水脈を刺激した。

大正六（一九一七）年のロシア革命により、ソ連が成立した。その影響は日本にも及んだ。大正十一年には第一次日本共産党が結成された。二年後に解散するものの、大正十五年に再建された。日本共産党はコミンテルン（共産主義インターナショナルの略称。大正八年に設立された、各国共産主義政党の国際統一組織）の影響を強く受けていた。

共産主義は独自の理論で世界の歴史と未来を説き、資本主義、帝国主義の崩壊を予言し、知的エリート層に絶大な影響を及ぼした。とりわけ学生など若い知的エリートが続々と共産主義に染まっていった。共産主義思想は、天皇を頂点とする日本の国体とは基本的に相容れない。だが、日本にはこれに対抗できるだけの理論がなかった。

そこで再び注目されるようになったのが、尊王攘夷の思想である。日本の為政者たちは共産主義に対抗できる思想的支柱として、皇国史観にすがったのだ。日本の歴史は欧米諸国の遥か前から始まっている、万世一系の天皇制度は優れた統治機構であると強調することで、国家のアイデンティティーを保持しようと試みたのである。

仕掛けられた「神話ブーム」

ただ、明治から大正期、攘夷の流れを汲む歴史観が広く国民の生活に行きわたっていたとは言えない。知識人も庶民も、皇国史観を建前として受け入れつつ、欧米から輸入された文化や哲学、社会システムと折り合いをつけてきた。たとえば明治二十三（一八九〇）年は皇紀でいえば二五五〇年の節目の年だ。しかし、官民ともその節目を祝うような動きはほぼ見受けられなかった。

ところがその五十年後の昭和十五（一九四〇）年、国を挙げて皇紀二六〇〇年奉祝行事が行われた。その数年前から、政府は準備を進めていた。昭和十年、「紀元二千六百年祝典準備委員会」が発足。後に「紀元二千六百年祝典評議委員会」となり、記念行事などの準備を進めた。

昭和十四年、日本放送協会などの主宰で、国民から奉祝歌が募集された。作詞、作曲とも公募で決まり、「紀元二千六百年」が誕生した。この歌は、奉祝国民歌として各社が一斉にレコード化し、ラジオで連日のように流された。

金鵄《きんし》輝く日本の／栄《はえ》ある光身にうけて／いまこそ祝へこの朝《あした》／紀元は二千六百年／ああ一億の胸はなる（中略）正義凛たる旗の下《もと》／明朗アジアうち建てん／力と意気を示せ今／紀元は二千六百年／ああ弥栄《いやさか》の日はのぼる

金鵄とは金色の鳶で、神武天皇が敵対する長髄彦《ながすねひこ》と戦う際に、神武の弓の先に止まり、味方を勝利に導いたという『日本書紀』の記述に基づく。「明朗アジアうち建てん」には、当時の大日本帝国が目指していた、アジアにおける新秩序を打ち立てるとの願望が読み取れる。

また文部省は、神武天皇にちなむ場所がある自治体の知事に、ゆかりの地についての調査報告を依頼し、さらに「神武天皇聖蹟調査委員会」を発足させた。平泉澄《きよし》ら帝国大学の研究者らを中心に、神武天皇に関係する場所を選び、最終的には奈良県の橿原神宮ほか二十カ所が「神武天皇聖蹟」と認定された。

二十一カ所のうち奈良県が八カ所だが、宮崎県と鹿児島県が争う場面もあった。両県は「高千穂峰」と「高千穂宮」はいずれも自分たちの県にあると主張していた。高千穂峰は天照大神の孫で天皇の祖先神である瓊瓊杵尊が降臨したとされる場所で、高千穂宮は、神武天皇が東征に出発した地とされていた。しかしいずれも却下された。

史蹟となれば、自治体にとっては箔が付き、観光業の活性化も期待された。実際、「聖蹟巡り」はこの後ブームになった。両県の落胆と憤りは大きく、宮崎県は同委員会の認定を無視して独自に「聖蹟」を認定した。他の自治体でも「ゆかりの地」の検証は進んだが、文部省がこれを咎めることはなかった。

メディアでも神話に回帰する「国史ブーム」が起き、神武天皇などの神話に材を取った出版物が多数刊行された。新聞各社も「皇紀二六〇〇年記念」を謳う催事や行事を主催した。百貨店も記念の催しを繰り返した。日本全体が神話を柱とした共同幻想に支配され、それに便乗したビジネスが増えていった。まさに思想の実利化であった。

「不要不急」の贅沢品がやり玉に

国を挙げてのお祭り騒ぎが進む中、外に目を向けると、日本を取り巻く国際情勢はより緊迫していた。昭和十二（一九三七）年には日中戦争が始まっていた。日本軍は蔣介石を首領とする中国国民党政府の首都南京を陥落させた。日本中が勝利に沸き、あちこちで提灯行列などの祝い事が行われた。

しかし、国民党政府は中国奥地の重慶に移り、戦争は終わらなかった。また中国侵略に対する国際社会の批判は厳しかった。昭和十四年七月、アメリカは日米通商航海条約の破棄を通告し、翌十五年一月に失効した。当時最大の貿易相手国だったアメリカからの警告である。

国内の経済も厳しくなった。政府は昭和十五年七月六日、「奢侈品等製造販売制限規則」を公布し、翌七日に実施した。いわゆる「七・七禁令」である。「不要不急」の贅沢品の製造や販売を禁じたものだが、その狙いは、国民の消費物資への支出を減らした上で貯蓄を増やし、戦費捻出の公債を買い入れさせるためだった。

不要不急の贅沢品に指定されたのは宝石などだけでなく、背広や時計、ハンカチ、下駄、靴など日用品にまで及んだ。さらに「ぜいたくは敵だ」「欲しがりません、勝つまでは」との官製スローガンが大書された看板が街頭に掲げられるようになった。

日中戦争が長期化しても、市民には直接的な利益は感じられない。むしろ一家の大黒柱や跡取り息子を兵隊に取られて生活は疲弊し、やがて厭戦気分が広がるのは当然であった。

閉塞感の中で迎えた祝祭

軍事力で日本に劣る中国が抗戦を続けられたのは、アメリカやイギリス、フランス、ソ連などの支援を得ていたことが大きい。各国にとって中国は未開の広大な市場であり、日本の独り占めは許さなかった。日本軍は中国の沿岸諸港を占領することで、国民政府への海外からの支援を絶とうとした。これに対して、イギリスやフランスは北部ビルマ（現・ミャンマー）から中国四川省に至るルートや、フランス領インドシナ（現・ベトナム）から雲南省昆明に至る仏印ルートで中国を支援した。いわゆる「援蔣ルート」として知られる。

日本はたびたび援蔣ルートの閉鎖を要求したが、各国は応じなかった。日本政府は昭和十五（一九四〇）年、仏印におけるフランスの出先機関との交渉を始めた。当時、フランス本国の政府は既にナチスドイツに降伏していて、フランスの植民地は権力の空白地帯となっていた。そこを衝いて交渉を始めたが、現地のフランス政府機関は交渉を先延ばしにしようとした。交渉中の同年九月二十三日、日本軍は強引に武力進駐し、現地のフランス軍と激しい戦闘となった。

現場でそれを指揮したのは陸軍の富永恭次少将だった。富永は東條英機の側近である。

部隊指揮経験は乏しかったが、太平洋戦争後半には激戦地のフィリピンに司令官として赴任し、現地では特攻隊を多数送り出した。「自分も後から続く」と言いながら約束を果たさず、最後は台湾に逃げてしまった軍人である。

北部仏印進駐当時の富永は、満州事変のように「既成事実を作ってしまえば何とかなる」という発想だったのだろう。しかし、その認識は甘すぎた。日本の南方進出に警戒感を強めたアメリカは、対日経済制裁をさらに強化した。

皇紀二六〇〇年の祝祭は、こうした国内外の閉塞感の中で行われた。官民ともに国際社会での孤立の鬱憤をはらすかのような祭りであった。

蘇生した尊王攘夷

同年十一月十日の式典では、東京市（当時）中の街頭に「祝へ！　元気に朗かに」といったポスターが貼られ、電車の中にも吊り下げられた。警察は同月十日から十四日までの五日間、それまで禁止されていた管内の飲食店で昼から酒を出すことを許可した。

十一月十日午前十一時前、東京・「宮城前広場」に全国から集まった五万五千人が参列して、式典は始まった。天皇・皇后を前に近衛文麿首相が祝い言葉＝寿詞《よごと》を読み上げた。

「臣文麿、謹みて申す。伏して惟《おもん》みるに、皇祖国を肇《はじ》め統を垂れ、皇孫をして八洲に君臨せしめ、たもうに神勅をもってし、授くるに神器をもってしたもう。宝祚《ほうそ》の隆《さかえ》、天壌と窮《きわま》りなく、もって神武天皇の聖世に及ぶ。すなわち天業を恢弘《かいこう》して皇都を橿原に定め、宸極《しんきょく》に光登して、徳化を六合《りくごう》に敷き賜い。歴朝相承《う》けて、ますます天基を鞏《かた》くし、洪猷《こうゆう》を壮《さかん》にし、一系連綿、正に紀元二千六百年を迎う、国体の尊厳《そんごん》、万邦固《もと》より比類なし（後略）」

　神武天皇への回帰とそこにつながる尊王の思想が、ここに見事なほど鮮やかに蘇った。尊王と表裏一体なのが、攘夷である。

　幕末期、欧米の力に押されて開国し、幕府は倒れた。後継の明治政府はその欧米列強を参考にし、その地位を目指してきた。アメリカとは同じ新興国としての精神的紐帯《ちゅうたい》があり、イギリスとは同盟を結んだ。その過程で、攘夷は日本社会からは表向きは消えていた。

　しかし対アジア、特に中国侵略政策を巡って米英などとの対立が深まる中、地下水脈を流れていた攘夷がここに来て一気に噴出したのである。近衛のこの寿詞からわずか一年あまり後、日本は欧米との絶望的な戦争に突入する。

反軍部の闘士が掲げた御誓文

攘夷の地下水脈が表面化する一方、五箇条の御誓文が掲げた思想は、逆に地下水脈化していった。明治末期から昭和初期にかけて、軍部による言論弾圧と自由への抑圧が強まる中、反権力・反軍部の主張を果敢に掲げ続けた桐生悠々《きりゆうゆうゆう》というジャーナリストがいた。明治六（一八七三）年に金沢の下級藩士の家に生まれた桐生は、旧制四高を経て帝国大学に進学。大阪毎日新聞、大阪朝日新聞などを転々としたのち、信濃毎日新聞の主筆に就任した。桐生は軍部の横暴を鋭く批判し続け、明治天皇を追って殉死した乃木希典陸軍大将を批判する社説も執筆した。一方で、共産主義や自分が身を置く新聞業界そのものにも舌鋒鋭く斬り込むなど、その批判精神はあらゆる対象に向けられた。

桐生の慧眼を示すエピソードがある。昭和八（一九三三）年八月、関東一帯で「第一回関東地方防空大演習」が開催された。桐生はこれを批判する論説「関東防空大演習を嗤《わら》ふ」を発表した。桐生は、もし空襲があったら木造住宅はひとたまりもなく、甚大な被害があるであろうことを的確に予測。「敵機を関東の空に、帝都の空に、迎へ撃つといふことは、我軍の敗北そのものである」とし、このような演習そのものに意味がないと看破したのである。桐生の見通しは、約十一年後の東京大空襲で証明されるのだが、この論説は軍関係者の怒りを買い、在郷軍人らによる不買運動がおきた。

桐生は信濃毎日新聞を辞めて名古屋に移り、『他山の石』という個人誌を刊行し、徹底的な軍部批判を続ける。そして「こんな畜生どもがのさばる世界で生きていないほうが幸せだ」「軍閥が倒れることを見ずして死ぬのは残念だ」といった言葉を残し、開戦直前の昭和十六年九月に亡くなった。

そんな気骨のジャーナリストの根底にあったのは、社会主義や共産主義ではなく、五箇条の御誓文だった。『他山の石』の表紙の裏面に、毎号必ず五箇条の御誓文を掲げた。桐生は、日本型民主主義の基本的理念が五箇条の御誓文に込められていることを理解していた。そして、軍部がこの精神を踏みにじり、日本を破滅に導こうとしている構図を見抜いていたのである。

五箇条の御誓文の地下水脈を受け継いでいたのは、反権力の人々だけではなかった。台湾総督府民政長官や内務大臣を務めた後藤新平も、五箇条の御誓文を「政治の倫理性の模範」として激賞している。

昭和天皇の「人間宣言」

さて、抑圧されていた五箇条の御誓文の地下水脈は、なぜ敗戦後に社会の表層に噴出したのだろうか。

「新日本建設に関する詔書」の中で最もよく知られているのは、「人間宣言」と呼ばれる第三節である。

「朕と爾等国民との間の紐帯は、終始相互の信頼と敬愛とに依りて結ばれ、単なる神話と伝説とに依りて生ぜるものに非ず。天皇を以て現御神《あきつみかみ》とし、且日本国民を以て他の民族に優越せる民族にして、延《ひい》て世界を支配すべき運命を有すとの架空なる観念に基くものにも非ず」

自分（天皇）と国民とを固く結びつけているのは、相互の信頼と敬愛で、単なる神話と伝説ではない。天皇を現人神《あらひとがみ》とし、また日本国民は他民族より優れており、世界を支配する運命にあるという架空の観念でもない――そんな内容だ。

明治憲法の第三条に「天皇ハ神聖ニシテ侵スヘカラス」とあるように、それまで天皇は建前としては「神」だった。昭和天皇は戦後、「天皇機関説事件」を振り返ってこう語っている。

「現神《あきつかみ》（現人神）の問題であるが、本庄（繁・侍従武官長）だつたか、宇佐美（興屋・本庄の後任の侍従武官長）だつたか、私を神だと云ふから、私は普通の人間と人体の構造が同じだから神ではない。そういふ事を云はれては迷惑だと云つた事がある」（『昭和天皇独白録』）

生物学者でもあった昭和天皇は自身が人間であることを当然知っていたが、政治と歴史の世界では神として振舞う必要があった。

それが天皇自ら神格を否定するような発言をしたのだ。ここで昭和天皇が「自分は人間である」と明言したわけではないものの、国体に関わる大きな変革であった。

これが出された経緯については、日本側の発案と連合国軍総司令部（ＧＨＱ）による発案という両説があり、後者が通説となっている。当時、ＧＨＱは日本の民主化を急速に進めようとし、幣原喜重郎内閣に五大改革指令を出した。婦人参政権の付与、労働組合の結成促進、教育制度の自由主義的改革、経済機構の民主化、秘密警察の廃止である。さらに政府による神社・神道への支援や監督を禁じた。天皇崇拝、軍国主義の思想的基盤ともなった国家神道は解体された。敗戦までの天皇制は大きく変わったのである。

昭和天皇に対する連合国の世論は非常に厳しかった。たとえば戦争終結直前の昭和二十

（一九四五）年六月、米ギャラップ社が「戦後、天皇をどうすべきか」について行った世論調査によれば、「殺害する」の三六％を筆頭に、圧倒的多数の米国民が昭和天皇に何らかの戦争責任を取らせるべきとの考えであった。さらにオーストラリアは国として天皇を戦犯リストに入れるよう主張していた。

ただ、ＧＨＱ最高司令官のマッカーサーをはじめ米政府は、天皇を戦犯として裁くつもりはなかった。天皇を残したほうが占領統治上好都合と判断したためだ。とはいえ、天皇が「神」として存在し続けることは肯定できない。そうしたせめぎ合いの中で「人間宣言」は出された。

「民主主義というものは決して輸入のものではない」

しかし昭和天皇には、別の意図があったのである。

昭和五十二（一九七七）年八月二十三日、那須御用邸で昭和天皇の記者会見があった。記者が「人間宣言」を発した当時の心境について質問すると、未だ話せないこともあると昭和天皇は答えをにごしている。

だが、重ねての質問で、冒頭に五箇条の御誓文を入れた意図について問われると、昭和天皇は詳細に答えたのである。

「そのことについてはですね、それが実はあの時の詔勅の一番の目的なんです。神格とかそういうことは二の問題であった。それを述べるということは、あの当時においては、どうしても米国その他諸外国の勢力が強いので、それに日本の国民が圧倒されるという心配が強かったから。民主主義を採用したのは、明治大帝の思召しである。しかも神に誓われた。そうして『五箇条御誓文』を発して、それがもととなって明治憲法ができたんで、民主主義というものは決して輸入のものではないということを示す必要が大いにあったと思います」

世間が騒いだ「人間宣言」の神格否定は二の次の問題で、一番の目的は「五箇条の御誓文」を再度示すことであった、と断言している。

戦勝国のアメリカは民主主義を標榜し、それを日本に根付かせようとしている。しかし、明治維新の際の日本にも、目指すべき国家像として五箇条の御誓文があったではないか。それは民主主義の思想にほかならない。日本人は今一度、その原点に立ち返るべきではないか――昭和天皇はそう示したかったのである。

続いて言う。

「初めの案では、『五箇条御誓文』は日本人としては誰でも知っていると思っていることですから、あんなに詳しく書く必要はないと思っていたのですが。幣原（喜重郎・首相）がこれをマッカーサー司令官に示したら、こういう立派なことをなさったのは感心すべきものであると、非常に賞讃されて、そういうことなら全文を発表してほしいというマッカーサー司令官の強い希望があったので全文を掲げて、国民及び外国に示すことにしたのであります」

天皇が要求した御誓文の挿入

「新日本建設に関する詔書」をよく読み込むと、これを出すにあたり、昭和天皇およびその意を受けた側近らとＧＨＱ側の要求に応えようとする日本の政治家たちとの間に、せめぎ合いがあったことが窺える。

先に述べたように「人間宣言」の部分は詔書の第三節なのだが、他の節からまったく浮いているからである。他の節がみな五箇条の御誓文の内容に繋がるものであるのに対し、ここだけが神格否定となっており、いかにも不自然な印象を与える。第三節を丸ごと削除したほうが、「今こそ五箇条の御誓文を生かすべきだ」という天皇の論旨がすっきりと伝わると感じられるほどだ。

なぜこんなことになったのか？

幣原はのちにこう書き残している。

――昭和二十（一九四五）年の晩秋、天皇から「常に我れ民と共に在り」の気持ちを表明したいという話があった。これを聞いた幣原は、「神格化を是正しなければ、民主主義日本の天皇にはなれないといふことを暗示」されたと受け止めた。幣原が、軍部が天皇の神秘性を悪用して国を滅ぼしたのだから、これを是正しなければなりませんと述べたところ、天皇は「昭和二十一年の新春には一つさういふ意味の詔書を出したいものだ」と答えたという。

一方、文部大臣の前田多門が書き残した手記によると、昭和二十年十二月二十三日、前田は幣原に呼び出され、「人間宣言」の原案となる英語の文章を示されたという。幣原はＧＨＱ側の干渉には一切触れていないが、これは総司令部民間情報教育局（ＣＩＥ）顧問のヘンダーソンらが作成した英文案で、前田らはこの英文を訳して天皇のもとに届けたという。

その際、天皇はおおむねこう語ったという。

「詔書として今後の国の進路としてかように進歩的な方向を指し示す場合に、その事柄がなにも突然に湧き上がったというわけでなく、わが国としてはすでにかような傾向が、明治大帝以来示されて居るのであり、決して付焼刃ではないという事をも明らかにしたい。そのなによりの例は、明治の最初のときに、明治天皇が示された五箇条の御誓文であって、民意を大いに暢達させるとか、旧来の陋習を破り、天地の公道に基くと言う思想は、これから大いに万機公論に決していこう」

つまり、五箇条の御誓文を挿入することを、天皇は遠慮がちながらも求めたのである。前田は、冒頭に五箇条の御誓文を引用して全体を整えることで、天皇の意向に沿おうと考えた。

天皇側近との暗闘

一方、昭和天皇側近の木下道雄侍従次長は、「人間宣言」で天皇の神性を否定することに強烈な抵抗感を抱いていた。木下の『側近日誌』には、前田を激しく罵倒する言葉が連なっている。

「大臣は現神《あきつかみ》と云う言葉も知らぬ程国体については低能である。これは驚くべきことなり。

これではＭａｃ（マッカーサー）司令部に馬鹿にせらるるであろう。詔書案中気に入らぬことは沢山ある。殊に文体が英語の翻訳であるから徹頭徹尾気に入らぬ」

天皇と木下は、「天皇を神の裔（子孫）とすることを架空とすること」に不満を持っていた。

そこで木下は、あるレトリックを思いつく。それは「（国民が）進んで天皇を現御神《あきつみかみ》とする事を架空なる事に改めよう」という趣旨のものだった。木下によると、これには天皇も賛成だったという。木下は第三節の改稿案を作り、大臣らに訴えてまわった。

文案をめぐる混乱は大晦日までもつれ込み、結局、前田が木下に最終的な閣議決定を伝え、第三節の部分はマッカーサーに示した表現にしてほしいと依頼した。木下は天皇に相談したうえで最終的にこれを呑んだが、国体護持のために内閣の機能を停止する「決死の行動に出でんこと」を木下に囁く要人もいたという。

「人間宣言」に、木に竹を接《つ》いだような違和感があるのは、このような背景があったからである。

天皇の「自己批判」

昭和天皇の実にしたたかな一面が見えてくる。同時に、軍部が戦争に突き進んでいく中で、なぜ五箇条の御誓文をもって押しとどめなかったのかという疑問も浮かび上がる。

五箇条の御誓文を「人間宣言」に挿入させたいきさつを振り返ると、昭和天皇の実にしたたかな一面が見えてくる。

昭和十六（一九四一）年九月六日の御前会議。昭和天皇や首相ら内閣首脳と軍の最高幹部が臨席する、国家意思の最終決定の場である。同年七月、日本が南部仏印進駐をしたことで米国は日本への原油輸出を禁止し、日米関係は悪化の一途を辿っていた。カギは中国からの撤兵だったが、陸軍は頑としてこれに応じない。そこでこの御前会議では「帝国国策遂行要領」が決定された。

主な内容は以下の通りである。

（一）日本は「自存自衛」を全うするために米英との戦争を辞さない覚悟で、十月末を目処として戦争準備を終える。

（二）戦争準備と並行して対米交渉を続ける。

（三）十月上旬頃までに日本の要求が通らない場合、直ちに米英およびオランダに対する開戦を決意すること。

御前会議では天皇は発言しないのが慣行だった。

ところがこのとき昭和天皇はこれを破り、明治天皇の御製を詠み上げた（第2章90ページ参照）。日露戦争が必至となった時、明治天皇が平和を希求する気持ちを詠んだ歌である。昭和天皇は避戦への道を再度探るよう、臨席する閣僚や軍幹部に示したのだ。極めて異例のことで、時の首相近衛文麿によれば「御前会議は未曾有の緊張裡に散会した」（『平和への努力』）という。

出席していた東條英機陸軍大臣は、帰庁するや「聖慮は平和にあらせられるぞっ」と語った。中国からの撤兵を拒否し、対米強硬派だった東條にも天皇の意思は確かに伝わっていたのだ。軍務局長の武藤章も「オイ戦争なんぞは駄目だぞっ。陛下はとてもお許しになりっこない」と周囲に話した。しかし、彼らは恐懼してみせただけで、結局は戦争に突き進んだ。つまり天皇の意思を知りながら、それを無視したのである。

このエピソードをもって昭和天皇を「平和主義者」と言う人がいる。一方で、「アジアの侵略者」と非難する人もいる。だが、私はそのどちらでもないと考える。天皇家において最も大事とされてきたのは、皇統を守ることである。戦争をするもしないも、皇統存続・繁栄のために資するか否かが判断基準であった。

昭和天皇は、戦勝国が天皇制に厳しい目を向けていることは知っていたはずだ。日本国内でも敗戦までは到底あり得なかった天皇の責任を問う声が上がっていた。

皇統存続の危機を感じる中で、昭和天皇は結局、「自己批判」の手段として五箇条の御誓文を引用したのではないか——。そのように考えれば、昭和十六年九月六日の御前会議であえて五箇条の御誓文を示してまで強硬に戦争に反対しなかったことも、整合性を持って理解できるのである。

石橋湛山の「わが五つの誓い」

五箇条の御誓文の地下水脈は、戦後も流れ続けている。

ジャーナリストでのちに首相になる石橋湛山は、自身が社長を務めていた『東洋経済新報』（昭和二十年九月一日号）の「社論」において、旧敵国の求める民主化は難しいことではなく、五箇条の御誓文こそ「デモクラシーの真髄を道破せられた」ものであり、基本的人権も明治憲法の柱であり、新しいものではないと指摘。「日本国民は速かに五事の御誓文と欽定憲法とに帰れ。しからば米英ソ支、何事をなすを得ん」と書いた。

昭和三十一（一九五六）年末に首相に就任後、公開演説第一声は、五箇条の御誓文に始まるものであった。施政の大綱は御誓文にあやかるとして「わが五つの誓い」を述べたのである。

もっとも、私は五箇条の御誓文を金科玉条のごとく称えたいわけではない。一番重要なのは、五箇条の御誓文そのものではなく、維新の先達たちの、歴史に向き合う姿勢である。欧米の思想が怒濤の如く流入してくる中で、自国の歴史に真摯に向き合い、欧米思想に対抗しうる日本古来の道徳律は何かと考える、その時代的な先見性である。

五箇条の御誓文が発せられた後、自由民権運動の中で、日本各地には六十以上もの「私擬憲法」（憲法の私案）が生まれたという。日本には、健全な民権制度が育つ素地が十分にある。その点を、政治家も私たちも認識すべきである。

石橋湛山

「与えられた権利」の空虚さ

敗戦によって帝国議会は解体され、二十五歳以上の男性だけに限られていた選挙権は、二十歳以上の男女に平等に付与された。しかし、これは日本人自らが獲得した権利ではない。占領下、アメリカによって事実上もたらされたものだ。そのせいか、現代の日本人は選挙の重要性と議会政治の本質を理解しきれていないのではないか。

十八世紀フランスの思想家ジャン＝ジャック・ルソーは「イギリス人民は、自分たちは自由だと思っているが、大間違いである。彼らが自由なのは、議員を選挙するあいだだけのことで、議員が選ばれてしまうと、彼らは奴隷となる」と述べている（『社会契約論』）。選挙後に権力者を監視するシステムが必要であり、有権者はその意思が求められる。

しかし、現代の日本ではそのシステムが機能していない。そのため選挙に勝った政権は何をやっても許されると勘違いしているように感じられる。そんな傲慢な政治を結果的に許しているのは、私たちなのではないか。民意を反映できない議会と、議会を利用できない国民。そうした流れが、明治から現在へとつながっている。

おわりに

先達二人の言が印象に残っている。一人は作家の司馬遼太郎さんで、「近代日本史の地下三尺には攘夷のエネルギーが凄まじい勢いで流れている。ひとたび噴出口を見出したならば、爆発的に噴出する」という言である。この言は本書でも引用したが、つまり日本社会は明治維新での攘夷思想が生煮えのまま、近代史・現代史を編んできたことになる。

大正維新、昭和維新など元号が変わるたびに、攘夷が叫ばれてきたのはその例とも言えるであろう。昭和初期のテロと謀略の実態を分析してみると、なるほど司馬さんの言う通りだと頷ける。

そしてもう一人は、思想家の鶴見俊輔さんの言である。「デモクラシーの後を必ずファシズムが歩いてくる。デモクラシーが疲弊するといつでも取って代われるように準備している」というのである。いわばファシズム黒子論とでも言おうか。ワイマール憲法下のナチスの台頭はまさにそうだった。日本では満州事変の頃までは議会政治が機能していて、大正デモクラシーが制度的にも少しずつ落ち着いてきていた。それが満州事変や五・一五事件などで、あっさりと議会政治は崩壊していくのだ。

　むろん議会人の中にも、汚職や政党間の過剰な対立、それに議論を繰り返してもなかなか一致点を見出せない不毛の論議などもあり、さらには民主主義の手ぬるさに対する批判などもあって、民主主義が自殺という状況に陥っていたのも現実の姿であろう。だがデモクラシーの持つ特徴が、全てマイナス要因に転化してファシズムに取って代わられるのは、折々の時代と国民意識の未熟さによると言っても良いであろう。

　この二人の先達の言を元に、さらに幾葉もの地下三尺のエネルギーや黒子論の姿を直視してみようというのが本書の狙いであった。江戸時代から明治維新を経て近代日本に進んでいく道のりは、本書の第1章の中でも触れたのだが、いくつかの国家体制の可能性を孕んでいたものの、結局は欧米型の帝国主義的道筋を進んだことになる。しかしそこには積み残しとなった思想、哲学、制度、さらには庶民の日々の営みがあった。そういうものが水脈となって、この国の歴史上の事件、事象、人脈に反映していると私は思う。それらの近代の地下水脈こそ、この国の貴重な遺産であった。

それを見つめ直しておこう、というのは次代の者の義務である。その意味で本書によってこの国の懐の深さに着目しつつ、多くの思想や哲学の芽を抱えていることを改めて確認する必要があると訴えたい。偏った攘夷のほとばしり、予断と偏見の言語空間の怖さなどを排除する知恵こそ求められるのだ。

本書がこうしてまとめられるには栗原俊雄氏（毎日新聞編集委員）、西本幸恒氏（現・文春新書編集長）の尽力があった。深く感謝したい。

二〇二三年（令和五年）　師走

保阪正康

主要参考文献（刊行年順）

近衛文麿『平和への努力　近衛文麿手記』日本電報通信社、一九四六年
吉田茂『回想十年　第一巻』新潮社、一九五七年
木戸幸一『木戸幸一日記』（上・下）東京大学出版会、一九六六年
参謀本部編『杉山メモ』（上・下）原書房、一九六七年
井上清『天皇の戦争責任』現代評論社、一九七五年
高橋紘『陛下、お尋ね申し上げます』文春文庫、一九八八年
大江志乃夫『御前会議　昭和天皇十五回の聖断』中公新書、一九九一年
吉田裕『昭和天皇の終戦史』岩波新書、一九九二年
寺崎英成著、Ｍ・テラサキ・ミラー編『昭和天皇独白録』文春文庫、一九九五年
司馬遼太郎『「昭和」という国家』ＮＨＫブックス、一九九九年
泉三郎『岩倉使節団という冒険』文春新書、二〇〇四年

半藤一利『昭和史　１９２６－１９４５』平凡社ライブラリー、二〇〇九年
半藤一利『昭和史　戦後篇　１９４５－１９８９』平凡社ライブラリー、二〇〇九年
古川隆久『昭和天皇「理性の君主」の孤独』中公新書、二〇一一年
加藤陽子『昭和天皇と戦争の世紀』講談社、二〇一一年
読売新聞社編『昭和史の天皇　４　玉音放送まで』中公文庫、二〇一二年
坂野潤治『日本近代史』ちくま新書、二〇一二年
坂野潤治『西郷隆盛と明治維新』講談社現代新書、二〇一三年
伊藤之雄『昭和天皇伝』文春文庫、二〇一四年
浅見雅男『学習院』文春新書、二〇一五年
宮内庁編『昭和天皇実録　第八　自昭和十五年至昭和十七年』東京書籍、二〇一六年
宮内庁編『昭和天皇実録　第九　自昭和十八年至昭和二十年』東京書籍、二〇一六年
吉田裕『日本軍兵士　アジア・太平洋戦争の現実』中公新書、二〇一七年
加藤陽子『天皇の歴史８　昭和天皇と戦争の世紀』講談社学術文庫、二〇一八年
坂野潤治『明治憲法史』ちくま新書、二〇二〇年
半藤一利・加藤陽子著／保阪正康編著『太平洋戦争への道　１９３１－１９４１』ＮＨＫ出版新書、二〇二一年

田島道治『昭和天皇拝謁記――初代宮内庁長官田島道治の記録』（第一巻～第七巻）岩波書店、二〇二一～二〇二三年

上記以外に、当時の新聞記事等を参考にした。

保阪正康（ほさか　まさやす）

昭和史研究家。1939年、札幌市生まれ。同志社大学文学部卒。編集者時代の1972年に『死なう団事件』で作家デビューして以降、一貫して日本の近現代史を検証し続け、約5000人もの歴史の証人を取材してきた。2004年、昭和史研究の第一人者として第52回菊池寛賞を受賞。主な作品に『東條英機と天皇の時代』、『瀬島龍三　参謀の昭和史』、『昭和史　七つの謎』、『昭和陸軍の研究』、『あの戦争は何だったのか』などがある。

文春新書

1440

近代日本《きんだいにほん》の地下水脈《ちかすいみやく》　I　哲学《てつがく》なき軍事国家《ぐんじこっか》の悲劇《ひげき》

2024年1月20日　第1刷発行

著　　者　　保　阪　正　康
発 行 者　　大　松　芳　男
発 行 所　　株式会社　文　藝　春　秋

〒102-8008　東京都千代田区紀尾井町3-23
電話（03）3265-1211（代表）

印 刷 所　　理　想　社
付物印刷　　大　日　本　印　刷
製 本 所　　加　藤　製　本

定価はカバーに表示してあります。
万一、落丁・乱丁の場合は小社製作部宛お送り下さい。
送料小社負担でお取替え致します。

ISBN978-4-16-661440-0

文春新書のロングセラー

磯田道史
徳川家康　弱者の戦略
人質、信長との同盟、信玄との対決……次々に襲う試練から家康は何を学んで天下を取ったのか——。第一人者が語り尽くす「学ぶ人家康」

1389

エマニュエル・トッド　大野　舞訳
第三次世界大戦はもう始まっている
ウクライナを武装化してロシアと戦う米国によって、この危機は「世界大戦化」している。各国の思惑と誤算から戦争の帰趨を考える
1367

樹木希林
一切なりゆき
樹木希林のことば
二〇一八年、惜しくも世を去った名女優が語り尽くした生と死、家族、女と男……。ユーモアと洞察に満ちた希林流生き方のエッセンス
1194

牧田善二
糖質中毒
痩せられない本当の理由
どうして人は太ってしまい、またなぜ痩せられないのか。それは脳が糖質に侵された中毒だから。そこから脱却する最終的方法を伝授！
1349

堤　未果
ルポ　食が壊れる
私たちは何を食べさせられるのか？
人工肉からワクチンレタスまで、フードテックの裏側で何が起こっているのか？「食と農」の危機を暴き、未来への道筋を示す本
1385

文藝春秋刊